A Human History of
Nothingness and
Consciousness

Hiroi Yoshinori

無と意識の人類史

私たちはどこへ向かうのか

広井良典

東洋経済新報社

扉ページ装画　横山操「山市晴嵐（瀟湘八景より）」（1963年、三重県立美術館）

目次◉無と意識の人類史――私たちはどこへ向かうのか

エピローグ
時間の意味

イントロダクション

生の有限性、地球環境の有限性

近年、〝現代版「不老不死」の夢〟ともいうべき議論が活発になっている。

それにはさしあたり、二つの流れがあるように思われる。一つは、アメリカの未来学者レイ・カーツワイルの「シンギュラリティ（技術的特異点）」論に象徴されるような、〝脳の情報すべてを機械ないしインターネット上に「アップロード」して永遠の意識を実現する〟といった、情報科学あるいは神経科学系の議論だ。

たとえば認知神経科学者の渡辺正峰氏は、その著書『脳の意識　機械の意識――脳神経科学の挑戦』において「機械への意識の移植」について論じている。そして、「たった一度の、儚《はかな》く美しい命もわからなくはないが、私は期待と好奇心に抗《あらが》えそうにない」「未来のどこかの時点において、意識の移殖が確立し、機械の中で第二の人生を送ることができることが可能になるのはほぼ間違いないと私は考えている」と述べているのである（渡辺［2017］）。

一方、もう一つの流れは、再生医療をめぐる展開の一部や、昨今ベストセラーになっているアメリカの遺伝学者デビッド・シンクレアの著書『LIFESPAN（ライフスパン）』に見られるような生命科学系の展開である（シンクレア他［2020］）。シンクレアによれば、「老化」は一種の「病気」であり、したがってそれは「治療」可能なものだという。そして科学や技術の発展により、今世紀末までに人間の寿命は150歳になっている可能性があるとし、しかも彼が唱える「老化の情報理論」が正しければ、寿命には「上限」などなく、永遠に生きることも夢ではないと論じる。

このようなテーマは議論としては以前から論じられており、たとえばアメリカの大統領生命倫理評議会は2003年にこうした点に関する報告書を公刊し、生命関連技術の発達によって可能となる「不老の身体」といった話題を取り上げていたが（カス編著［2005］）、そうした動きが具体的なリアリティをもつに至っているのだ。

〝現代版「不老不死」の夢〟をめぐる以上のような二つの流れは、前者はいわば**「意識の永続化」**を志向するもの、後者はいわば**「身体の永続化」**に関するものと言える。しかしこれらはいずれも、個人の生の〝限りない延長あるいは拡大〟を目指すという点において共通している。

こうした方向は、ある意味で近代科学がその発展の先に到達する究極的なテーマという側面をもっているだろう。と同時に、社会経済的な面から見るならば、それは「欲望の無限の拡大」をそのエンジンとしてきた資本主義が必然的に行き着く話題でもあり、ある種の抗し難い力をもって推進されつつある。しかしはたしてそのような「意識の永続化／身体の永続化」という方向は、私たちに真の充足や幸福をもたらすのだろうか。

他方、視点を転ずると、2020年という年は、日本や世界を一変させた新型コロナ・パンデミックが勃発するとともに、温暖化・集中豪雨等に示されるような気候変動が一層現実性をもって立ち現われた年だった。

ここで、新型コロナ・パンデミックと気候変動という二者は、一見まったく独立した現象であるようにも見えるが、いずれもその根底に、人間と自然あるいは生態系との間にある種の根本的な不協和が生じていることを示唆している。

言い換えれば、人間の行う経済活動の規模が自然環境や地球の許容度を超え出るまでに至ろうとしていることが、新型コロナと気候変動という二つの異なる現象の、共通の背景にある。

この場合、新型コロナ感染症について言えば、「人獣共通感染症（zoonosis）」という言葉があり、これは要するに野生動物等と人間に共通の感染症ということである。こうした人獣共通感染症が近年増加しているのだが、その主な原因として熱帯雨林などの森林が急速に減少している点が挙げられることが、近年の研究から示されるようになっている。つまり森林が減少し、そこでの生物多様性が損なわれるとともに、ウイルスを保有する動物の密度が増加するなどし、結果として感染症が発生しやすくなるということだ。

実際、たとえば国連の関連機関である国連環境計画（UNEP）は、昨年出した文書において、「人獣共通感染症が発生する原動力となるのは、たいていの場合人間活動の結果として生まれる、環境の変化である」と指摘している（"Six Nature Facts related to Coronaviruses"）。だとすれば、これらの問題を克服していくためには、人間の経済活動のあり方や環境との関わりを何らかの形で根底から見直し、その発展の方向を変えていく必要があるのではないか。

以上、〝現代版「不老不死」の夢〟及び「新型コロナと気候変動」という話題を取り上げたのだが、これらは異質のテーマであるように見えて、実は同一の性格あるいはルーツをもっている。

それは、私たちが「有限性」というテーマにどう向かい合うか、ということが問われているという点だ。

すなわち前者においては、私たちが生きる「生」（個人の人生）の有限性ということが、後者においては同じく私たちが生きている「地球環境や生態系の有限性」ということが、それぞれ究極的な形で問われているのである。

では私たちはこうした問いをどのように理解し、それに対するどのような対応のスタンスを導き出していけばよいのか。

それがまさに本書で掘り下げ、明らかにしていきたいテーマなのだが、課題の性格上、それには次のような二つの方面からのアプローチが必要になるだろう。

すなわち一方では、ミクロの個人の生にそくしつつ、科学・技術の展開や、急速に進行している高齢化といった状況を踏まえながら、個人にとっての死生観のありようや生の意味を掘り下げていく試みが求められる。

あわせて他方で、マクロの人類史的な流れにおいて、「無」や「死」を含む様々な観念ないし世界観とともに人間が経済活動を営みながら今日に至り、そして現代において地球環境や生態系の有限性に直面する中で、私たちは今後どのような方向に向かい、またどのような未来を構想しうるのかを探究する試みが必要となる。

そしてこの両者は、最終的には互いにつながっており、むしろそうした統合的な視点があってこそ、人間や地球の未来の全体を展望することができるというのが本書の関心となる。

ここで、こうしたテーマを探究していく場合、もう一つ意識しておきたい点がある。それは、奇しくも私たちが生きている日本という社会は、高齢化そして多死社会、ひいては人口減少における世界の〝フロントランナー〟であるという事実だ。

しかも同時に、本書の中で様々な角度から見ていくように、日本においては〝鎮守の森〟という言葉に示されるような自然観あるいは「アニミズム」的な古層が独特な形で保存されており、様々な課題とともに、人間と自然や生態系との関わりを考える上で興味深い示唆を含んでいる。

地球という舞台における日本という場所のこうした意味も視野に収めながら、以上に述べてきたような「生の有限性」、「地球環境の有限性」の両者をポジティブな形で乗り越えていくような思想のありようを構想していくのが本書の趣旨である。

第1章

無と死を考える時代

最初の章となる本章では、イントロダクションで述べた関心を踏まえながら、現在という時代が「無」や「死」というテーマをこれまでとは異なる視点で考えていく時代になっていることについて述べてみたい。

1　AIと死——現実とは〝脳が見る共同の夢〟か？

「AIと死」とは、いささか奇妙な表現に響くかもしれないが、これは「死」や「無」をめぐるテーマを考えていくにあたっての有効な通路のひとつになるものだ。

昨今、AIをめぐる議論が少々過熱している。個人的な述懐を記すと、私は80年代の終わりの2年間をMIT（マサチューセッツ工科大学）の大学院で学生として過ごしたが、当時もまたAIの議論が非常に活発だった時期——〝第二次ブーム〟と呼ばれる——で、AIの代表的な研究者マービン・ミンスキーの『心の社会（The Society of Mind）』が出版されたり、日本でも『AIジャーナル』という雑誌が出たりしていた。専門家の判断を代替する「エキスパート・システム」といったことがよく言われ、病気の診断などはこれですべてできるので医者はやがていらなくなるという議論が盛んになされていた。

その後ＡＩの議論はかなり沈静化していったが、そうした大きな流れを思うと、近年のＡＩブームやそれに関連する論議は、少し距離を置いて見る必要があるだろう。

私自身は、２０１９年刊行の前著『人口減少社会のデザイン』でも一部紹介したように、日本社会の未来の持続可能性に関する、ＡＩを活用したシミュレーションや政策提言に関する共同研究を行ってきている。ここで詳しく述べる余裕はないが、むしろそうした試みを行う中で痛感するのは、（当然のことながら）ＡＩはあくまで人間にとっての〝ツール〟であり、その「能力」を過大評価してはいけないという点である。

ただし、ここで行おうとしているのは狭い意味でのＡＩ論ではない。むしろ、関連して浮かび上がってくる「現実とは〝脳が見る共同の夢〟か？」という問い（後述）を一つの手がかりとして、「死」や「無」をめぐるテーマを新しい観点から深めていけないかというのが基本的な関心である。

さらに次節でもふれるように、近年の宇宙論ないし物理学などを中心に、「無」あるいは「死」というテーマが、いわば科学の〝最前線〟のテーマとして浮上しており、それを文・理を超えた幅広い視点から掘り下げていくことが今こそ求められているのではないかという点が、ここでの問題意識である。

AIは死の観念をもつか／AIは死ぬか

さて、「AIと死」という話題にそくして多少の議論を行うと、これはさしあたり「AIは死の観念をもつか」及び「AIは死ぬか」という二つの問いとして考えることができるだろう。興味深いことにこの点については、2016-18年に人工知能学会会長を務めた山田誠二氏（国立情報学研究所教授）に対するインタビュー記事（「人工知能は死を考えられるのか」）において、まさに上記の問いが投げかけられている（『週刊ダイヤモンド』［2016年8月6日号］）。まず「人工知能は死について考えることができるのでしょうか」という質問に対する山田氏の回答は以下のように大変わかりやすい。

人間の意識や自我、感情はコンピューターで実現できないものの筆頭です。人工知能で実現するためにはプログラム、つまり全てを数式で書き、計算で意識を実現しなければなりません。……意識を持つとは、コンピューターがどういうことができれば実現できたかという定義がいまだにありません。哲学の定義は、計算機にはなじまないことが多いのです。自分には意識があるということを説明できないけれど、自分に意識があることは自分の中では疑いようのない絶対的な真理です。これを数学で表現できれば、コンピューター自身が意識を持つ定義になるのかもしれませんが、今のところその方法すら分からない。

私はもともとの専攻が科学史・科学哲学という哲学系の分野であるせいもあってか、以上のような山田氏の（慎重な）説明はある意味で非常に腑に落ちやすいものである。加えて、人工知能研究の現場で動いている方は（ＡＩに過大な期待を寄せるというよりは）やはりある程度地に着いた見方をされるのだなという印象ももつが、ただしこのあたりは研究者によって温度差もあるだろう。ともあれ、ＡＩないしコンピューターが「『死』の意識をもつかどうか」という以前に、そもそも「意識をもつ」こと自体の定義や方法がないというのが氏の見解である。もう一つ、ＡＩはそもそも死ぬのかというテーマについては、山田氏は次のように答えている。

死だって、生命の定義を決めなければいけません。生命の定義を満たしていたものが、満たさなくなる状態が死なのですから。自分が生きている、自意識があるという思考とはどのようなものかはっきりとしない限り、現在の人工知能には生がないため、死もないといえるのではないでしょうか。

写真1-1 『トランセンデンス』

多少の留保のニュアンスがあるが、これもわかりやすい言明である。「死」について明らかにするには、当然ながら「生命」とは何かという問いが答えられていなければならない。これは本書の全体を通じて掘り下げられていくべきテーマである。

ちなみに、２０１４年に公開された『トランセンデンス』という映画では、ジョニー・デップ扮する天才科学者が亡くなった際、その脳の情報が妻によってコンピューターにインストールされるが、やがてそのコンピューターが暴走を始め大混乱を引き起こしていくという荒唐無稽とも言えるストーリーが描かれていた（写真１−１）。

明らかにこの映画は、イントロダクションでもふれた、アメリカの未来学者カーツワイルのシンギュラリティ（技術的特異点）の議論を下敷きにしている。カーツワイルの場合は、最高度に発達したＡＩと、人体改造された人間が結びついて、人間はやがて「永遠の意識」を得るといった議論を行っているのであり（カーツワイル［２００７］）、これはＡＩが生命または人間と融合し、さらに死をも超えていくという発想のバージョンとも言える。

話を戻すと、先ほどの山田氏は、科学全般の今後の展望について、「従来の自然科学は人間以外の自然現象が中心で、人間をあまり対象にしていませんでした。人間を扱うと、再現性がなくなり、問題が解けなくなるからです。意識というよく分からないものは避けて、科学で解明できるところからやりたいというのが科学者たちの本音でしょう」と言っている。

これはそもそも「科学」そして「真理」とは何かという基本論に関わる内容であり、大きく言えば、「自然や世界の事象のうち、数式や言語などで表現できる『断面』を切り取って把握しているのが（近代）科学の営みであり、それは世界の一部ないし一断面にすぎない」という科学観ともつながるもので、個人的に共感するものだが、ここではこの話題自体はひとまず置いて、議論を先に進めよう。

現実とは〝脳が見る共同の夢〟か

さて、「ＡＩは死の観念をもつか／ＡＩは死ぬか」という問いに関して、研究者の一人である山田誠二氏の見解を確認したのだが、本章で考えていきたい話題——冒頭で記したような「無（あるいは死）の科学」の可能性——はむしろここから始まることになる。

まず、あらためて考えてみたいのは、私たちが生きているこの「現実」の世界——生の世界——とは、そもそもどういう性格のものかという問いである。

これについては、拙著『ポスト資本主義』において、「現実とは〝脳が見る共同の夢〟か」という問いにそくした形である程度論じたことがある。ポイントとなるのは、〝脳が見る共同の夢〟という表現が示すように、私たちが生きているこの「現実」の世界とは、私たちの脳が相互に作用する形で形成された、「意識」の産物であるという把握だ。

哲学などの分野では、こうした議論は古くからあり、たとえばドイツの哲学者フッサールは私たちが認識する世界は「相互主観性」を通じて形成されると論じていたし、私が大学時代に大きな影響を受けた日本の哲学者廣松渉は、「共同主観性」という言葉をキーコンセプトの一つとして、私たちの認識する「現実」が、その時代の社会経済的な要因に規定されつつ、「共同主観的」な形で作られるものであることを論じていた。

そして、以前はこうした議論はいわば哲学内部の一部に限られた、いささか〝観念的〟な論議として存在していたとも言えるが、それが近年、脳科学など自然科学領域の発展の中で、このような把握が現代的な形で新たに展開しているのである。

典型例の一つはいわゆる「ソーシャル・ブレイン（社会脳）」と呼ばれる研究や議論であり、これは大きく言えば、（哺乳類ないし霊長類をへて）人間に至る進化の過程において、個体同士の社会的な相互作用が、脳の形成あるいはそこで認識される「世界」の形成において決定的な役割を果たしたという理解である（藤井［２００９］等）。

まさに先ほどの相互主観性論や共同主観性論と通じる人間理解であり、ここから出てくるのが他でもなく先ほど言及した「現実とは〝脳が見る共同の夢〟」という世界観だ。

つまりそれは、〝客観的〟で唯一の「現実」が最初から確固として存在しているのではなく、そうした「現実」自体が、人間ないし主体の間の相互作用の過程を通じて（意識とともに）形成されるという理解である。

この場合、以上のような原理的な議論は、『マトリックス』や『インセプション』などの映画を想起すれば、より具体的なリアリティをもってイメージすることができるだろう。私たちが生きる「現実」とは、脳の中で生じている（共有された）「意識」であり、それはその限りにおいて大きく可塑的なものであるという把握である。

では、以上のように私たちが生きる「現実」や「世界」――「生」の世界――をとらえるとすれば、「死」とはどういうものとして理解されるだろうか。

死の意味への示唆

端的に言えば、**死とは、そうした私たちの〝脳が見る共同の夢〟から離れること、**という理解になるだろう。

これは先ほどまでの議論からのごく形式的な帰結だが、しかしながら、このように死とは〝脳が見る共同の夢〟から離れることという把握をすると、死についてのイメージが少し変わるのではないか。

つまり通常は、確固とした唯一の客観的「世界」ないし現実があり、それが「生」の世界であって、そこから離脱するのが「死」として理解されている。それに対して、死とは〝脳が見る共同の夢〟から離れることという把握をすると、ニュアンスとしては、いわば生から死への〝断絶〟あるいは〝落差〟の度合いが弱まるように思われる。集団を離れて別の場所に行くといったイメージも伴うだろう。

ただし、〝共同の夢〟というのは一つの比喩に過ぎず、それは「現実」が共同の意識の産物として多元的な性格をもっていることを表現したものであって、それに対して（夢に対する）もう一つの現実があるわけではない。つまり、死とは〝脳が見る共同の夢〟から離れることだとしても、〝夢から醒めて〟別の現実に帰るわけではない。

しかしそれでもなお、死を「〝脳が見る共同の夢〟から離れること」として把握するという発想は、「生＝唯一の客観的現実、死＝無」という考えにすべてが一元化されていった近代的な世界観ないし死生観がもっているある種の〝狭さ〟、あるいはそこでの生と死の断絶を、現代的な視点で乗り越えていく一つの手がかりになるように私には思える（この話題は、本章の後段であらためて立ち返りたい）。

思考をもう一歩展開してみよう。ここで「現実」――私たちが生きているこの生の世界――の「内容」と「存在それ自体」ということを分けて考えてみてはどうか。

この場合、先ほどの「死＝〝脳が見る共同の夢〟から離れること」という把握をあてはめて考えてみると、死によって私たち一人ひとりは、私たちの〝脳が見る共同の夢〟から離れるわけだから、現実あるいは世界の「内容」に関しては、（理屈っぽい言い方になるが）この世界の内容から離れる、あるいはそれを失うことになる。そして同時に、私が現在知っているようなこの「私」自身とも別れることになる。

しかし「存在それ自体」についてはどうだろうか。死が「〝脳が見る共同の夢〟から離れること」と理解した場合、「離れる」という言葉の解釈にもよるが、私たちの「存在それ自体」とは、は残っていると考えることは不可能ではないのではないか。この場合、「存在それ自体」とは、神秘的な意味で述べているのではなく、先のソーシャル・ブレイン的な相互作用において形成された世界（＝この現実の生の世界）よりも根底にある次元といった趣旨である。

言い換えれば、死とは「〝脳が見る共同の夢〟から離れること」であるという把握をすると、そこから派生して、死とは（熟していない表現であるが）私たちの〝存在の仕方ないし様態が変わる〟ことであるという理解が生じるように思える。

ただし「存在それ自体」とか〝存在の仕方ないし様態〟といった表現はなお非常に曖昧な要素を多く残している。しかし他方で、意外にも近年の物理学や宇宙論では、こうした「存在」あるいは「無」の意味そのものが真面目に議論されるようになっている。つまりこのテーマは、決して狭い意味での哲学の内部におさまるような話題だけにはとどまらないのだ。

「無の科学は可能か」という関心を導きの糸としながら、また最近の諸科学の展開も参照しつつ、こうした話題をさらに考えてみよう。

2 「無の科学」は可能か

ここでのテーマは「無」あるいは「死」であるが、そもそも今という時代において、「無」

や「死」について論じることに一体どのような意味があるのだろうか。

「無」も「死」も、概念としては自明のことであり、それらについてそれ以上あれこれ論じたり、考えたりする余地はないように見える。

つまり「無」について言えば、それは「何もないこと」であり、それがすべてである。それについて何も語れないのが「無」ではないか。そしてまた、「死」が端的な「無」だとすれば、死についても同様ではないか。

以上のような考えは、現代という時代を生きる日本人のほとんどが〝常識的〟と考えている物の見方であり、またそれは日本人に限らず、大きく言えば近代社会という時代において自明なもの、あるいは合理的とされてきた思考の枠組みでもある。

言い換えれば、もし「無」や「死」について何らかのことを語りうるとすれば、それはたとえば宗教や神話、民俗的伝承といった、〝非合理的〟あるいは〝前近代的〟な話題を扱うような領域のテーマとなり、通常の意味の「科学的」な思考からは離れていく、というのが一般的な了解になっていると思われる。

しかしはたして本当にそうだろうか。

むしろ「無」や「死」というテーマを正面からとらえ、それについて様々な角度から考え、論じることが積極的に求められる時代を私たちは迎えようとしているのではないか。また、

「有」や「無」についてのこれまでの常識的な観念や論理それ自体を問いなおし、新たな思考の枠組みの中でこうしたテーマを考え深めていくことが、いま求められているのではないか。

現代物理学における「無」

本書の基本にあるのは以上のような問題意識だが、実はこうした関心について、近年、すでに相当な形で議論や研究を積み重ねてきている「科学」の領域がある。

意外なことに、それはある意味で〝科学の中の科学〟とも呼べる性格をもつ分野たる物理学の領域である。ここで〝科学の中の科学〟としたのは、17世紀にいわゆる「科学革命（Scientific Revolution）」と呼ばれる現象がヨーロッパに起こり、現在の私たちが「科学」と呼ぶ営みや世界観が成立した際、その中心をなしたのが（ガリレオやニュートンに象徴されるような）物理学の領域だったことを指してのことだ。

そして興味深いことに、近年の物理学は、宇宙物理学や素粒子論、量子力学など様々な個別領域において、相互に関連し合いつつ、「無」や「有」、あるいは「存在」の意味をめぐるテーマを、その根本に遡る形で探究し論じるようになっている。

もっとも単純に言えば、たとえば「ビッグバン」など宇宙の創成に関する話題を追求していけば、そこに自ずと〝なぜ無から有（宇宙）が生まれたのか〟〝そもそも無とは何か〟というテーマが浮かび上がってくるのはごく当然のこととも言えるだろう。

言い換えれば、「無」あるいは「有と無」というテーマは、この世界、つまり「有」の世界の〝内部〟における様々な現象や法則について探究してきた近代科学の営みが、その探求の最終局面においてたどり着く、文字通り「究極のテーマ」であるはずだ。

ここで、こうした「無」をめぐる物理学の展開を、一般の読者向けに印象深く描いている一例を紹介してみたい。

それは（コンビニにも時々置かれている）科学雑誌『Newton』の「『無』の物理学」という特集号（2010年2月号）で、これは実にわかりやすい、かつ「無」のテーマをめぐる本質をついた内容の特集となっている。その冒頭あたりの一節を少し引用してみよう。

「無」とは何か？　多くの人は「何もないこと」と答えるだろう。「そんな退屈なものについて、何をいまさら論じることがあるのか」とさえ思うかもしれない。

ところが、物理学にとっての「無」は、決して退屈なものではない。（中略）物理学の発展につれて、「無」はますます重要になりつつある。「無」が素粒子を生みだす。「無」がエネルギーをもっている。「無」が宇宙を誕生させる……。これらはいずれも、現代の物理学が導きだした〝まっとう〟な結論だ。今や「無」と物理学は切っても切れない関係にある。「無」の不思議さ、奥深さを探究してみよう。

もう一つ、次のような一節。

> 身のまわりをながめてみよう。あなた自身の体がある。あなたが読んでいる『Newton』がある。身につけている服、呼吸で吸いこむ空気、外に広がる大地、空に浮かぶ雲、そして輝く太陽……。世界はこのような「有」にあふれている。「有」は実ににぎやかで、魅力的だ。
>
> それにくらべて「無」はどうか。何もないこと、空虚、空っぽ。「有」とは対照的に、「無」とはいかにも退屈なもののように見える。
>
> しかし、物理学者はそうは考えない。**「無」とは、実にダイナミックでエキサイティングなもの**だというのだ。「無のすべてを知る者は、すべてを知りつくす」（スタンフォード大学、レナード・サスカインド博士）ほどだという。もしこれが本当なら、現代物理学のえがく「無」の姿とは、いったいどのようなものなのだろう（強調引用者）。

無が「ダイナミックでエキサイティング」とは、私たちの常識的な「無」の理解とは対極にある考えだろう。そして「死＝無」なのだとすれば、「死はダイナミックでエキサイティング」とも言い換えられることになる。

「無」の意味をめぐって

この特集号は、以上のような前置きを行ったうえで、「無」の意味を次の三つに区分しながら議論を進めている。「無」の三つの意味とは、

①あらゆる物質を取りのぞいた「空っぽの空間」、「真空」という意味での「無」
②時空（時間と空間）さえ存在しない「無」
③「ゼロ」という意味での「無」

である。これは無というテーマをめぐる議論でしばしば生じる混乱を避けるためのわかりやすい整理となっている。

ひとまず簡潔に確認すると、このうち特に②は重要で、以前の拙著『死生観を問いなおす』でもある程度論じたテーマだが（広井［2001b］）、最終的にはここが「無」をめぐるテーマの核心にあると思われる。一方③は、いわゆる「ゼロ」の概念がインドで生まれたという点も含めて、仏教における「空」（sunna, sunya）や関連のテーマともつながっていく話題である。

他方、①の意味の「無」（＝何もない空間、真空）は、私たちにとってもっとも素朴な「無」のイメージだろう。それについて同書（『Newton』）の導入部分は、現代の物理学の知見では、そうした「『無の空間』では、まるで沸騰するお湯の中に出てくる泡のように、さまざまな粒子が沸きたっているのだという」、「『無の空間』は正体不明のエネルギーを隠しもっており、（中略）宇宙の大部分は『無』がもつエネルギーだというわけだ」といった指摘を行っている。

〝何もない〟「無（真空）」が素粒子を生みだすとか、「無のエネルギー」といったコンセプトは、それを額面どおりにとらえようとすれば、「無」や「有」についての私たちの通常の理解や区別を揺るがすような意味合いをもっているだろう。

さて、以上のような簡潔な議論だけからでも示唆されるのは、次の2点である。

第一に、「有」と「無」というものが、私たちが考えるほど単純に、あるいは絶対的に区分できるものではなく、両者は〝連続的〟である可能性があること。第二に、私たちは既存の「概念」あるいは「観念」で物事や現象をとらえようとするが、実はそれらは私たちの社会生活やある時代の世界観の枠組みにおいて形成されたものであり、したがって場合によっては新たな観察や事象の発見、あるいは何らかの社会的変化等が、そうした既存の観念や枠組みを揺るがすこともあり、「無」や「有」という概念もまた例外ではないこと。

このように、「無」や「有」という概念ないし観念は、あるいはその実質は、私たちが通常思っているほど自明なものではない。またそうしたテーマを考えていくことは、決して〝非合理的〟な問いや探究ではなく、「科学」におけるいわば最前線の、あるいは究極の課題ともなっているのである。

無と静寂

ところで、先ほど見た「真空のエネルギー」とか「無のエネルギー」といった、現代の物理学が提起している見方やコンセプトは私たちの常識的な通念に反する性格をもっているが、さらに考えてみると、それは意外にも、これまで無あるいは死についてなされてきた深い思索や、それらに関する（宗教を含めた）伝統的な智慧に通ずるものを含んでいるのではないか。

一例を挙げよう。たとえば遠藤周作氏は『死について考える』という本の中で、死に関して「永遠の沈黙」という言葉にそくしながら次のように述べている。

本当に人生の外には沈黙だけしかないのか、本当に永遠の沈黙だけだろうか。（中略）「沈黙」にはよく「氷のような」とか「永遠の」という俗っぽい形容詞がつきます。しかし沈黙にもいろいろあります。まったく何にもないナッシングの沈黙、空虚そのものの沈黙……それとは別に、フランスの有名な作家アンドレ・マルロオがいみじくもその大著の表題につけた『沈黙の声』の沈黙があります。それは「沈黙」というよりは「静けさ」ともいうべきかもしれません。

（中略）だから、私たちは必ずしも死の沈黙を絶対に無の沈黙・消滅の沈黙と重ねあわせることはできない気がするのです。**茶室に正座している人は、茶室の静寂を内容空虚な静けさとは思いません。その空間のなかには、宇宙の生命にふれる何かが含まれています。禅室の静かさや無をたんなる虚無と思われる方はいないでしょう**（遠藤［1996］、強調引用者）。

私はこの一節が好きで時々思い起こしたりするのだが、ここで氏が「茶室の静寂」の中に「宇宙の生命にふれる何かが含まれて」いるとしているのは、物理学とは全く異分野のものではあるものの、先ほどの「真空のエネルギー／無のエネルギー」という現代的な把握とまさに通ずる内容をもっているのではないだろうか。

いずれにしても、近年の物理学など自然科学における展開を視野に入れながら、かつ哲学、宗教学、人類学、民俗学等の知見も総合化する形での、「無の科学」がいま求められている。

多少余談となるが、この節の終わりに、「無」という言葉の表現に関する話題を付け加えておこう。ジョン・レノンの歌うビートルズの曲『Strawberry Fields Forever』の中に、

Nothing is real.

というフレーズがある。これは「リアルなものは何もない」と読むのが通常だが、逆に「無はリアルである」と読むこともできる。英語の「Nothing」という言葉の綾のようなもので、似たような例は多くあるが（クイーンの『ボヘミアン・ラプソディ』の歌詞に出てくる「Nothing really matters」など）、これも「無」という概念のもつ奥行きを示しているかもしれない。

3　生と死のグラデーション

さて、本書のテーマである「無」や「死」のうち、前節は主に「無」に焦点をあてて論じてきた。しかし「無」と「死」はかなりの部分重なり合う概念であっても、イコールではない。

ではもう少し「死」のほうに比重を移して考えていくとどうだろうか。

まず、現代という時代状況と「死」のテーマとの関わりについていくつかの基本的な状況を確認してみよう。

死亡急増時代と「死生観の空洞化」

〝縁起でもない〟言い方ともなり、また以前の拙著（広井［2001b］、同［2019］等）でも述べた点でもあるが、現在の日本は「死亡急増時代」であるという事実がある。

この点に関して図表1-1を見てみよう。これは年間死亡者数の推移を見たものだが、日本における毎年の死亡者数は、第二次大戦後いったんは減少し（1950年の約90万人から1960年には約70万人にまで減少）、その後しばらく横ばいだった。

しかし1980年代頃からは増加傾向となり、2000年過ぎに年間100万人を超えるとともに、以降は特に急速に増加しており、2040年頃に168万人程度でピークを迎えるまで今後一貫して増え続けると予想されている。

言うまでもなくこうした変化の背景にあるのは高齢化とセットになった人口動態であり、もう少し正確に言うと、寿命の延びを伴いつつ、特に人口が多い世代が死亡年齢を迎える前後の時期に年間死亡者数が最多に至ることになる。

図表1-1　死亡急増時代――年間死亡者数の推移と将来推計

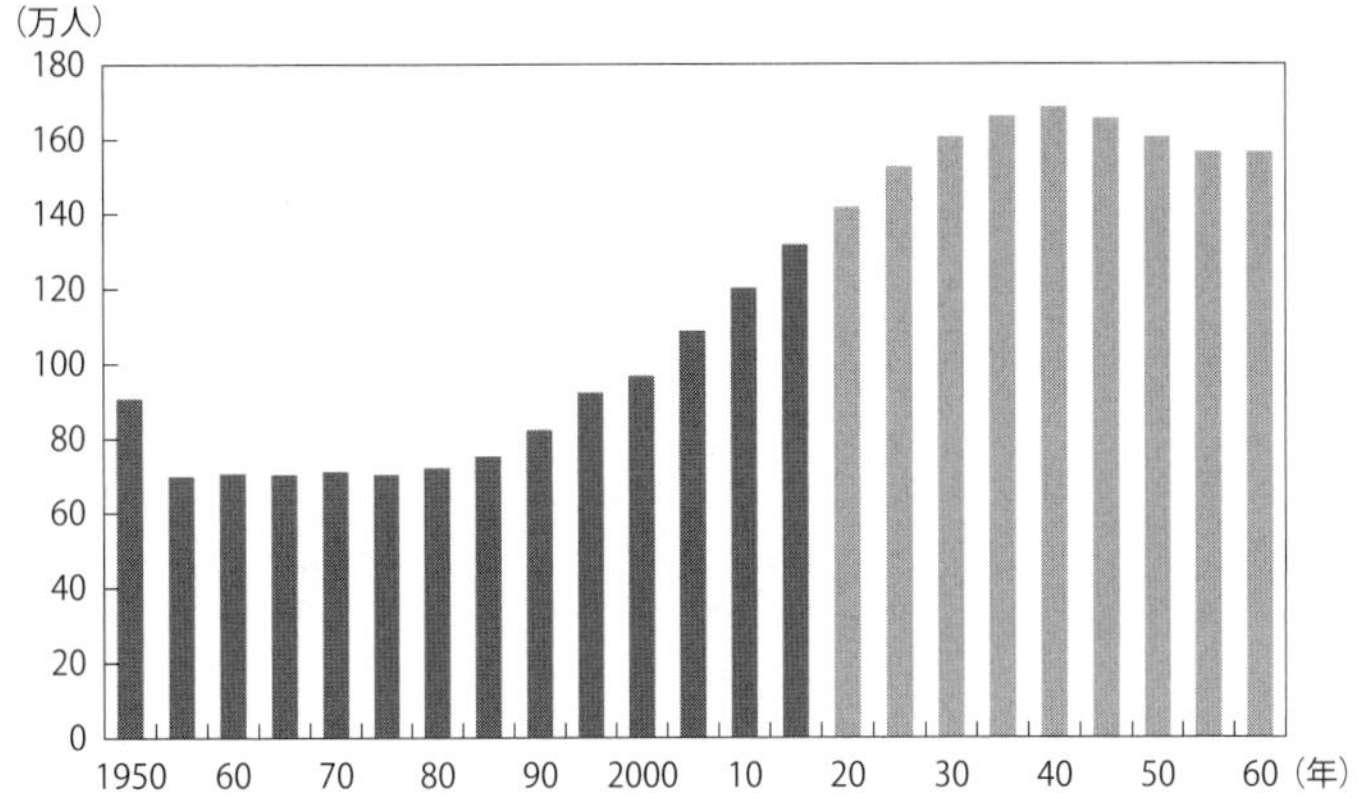

（出所）2015年までは厚生労働省「人口動態統計」。2020年以降は国立社会保障・人口問題研究所「日本の将来推計人口（平成29年推計）」の中位推計を基に作成。

思えば人口減少にしても様々な社会経済指標にしても、〝右肩下がり〟が一般的である昨今の日本において、年間死亡者数に関しては今後20年程度にわたって着実に増加が続くわけである。「死亡急増時代」は確かな事実であるとともに、少なくともそうした意味で〝死が一層身近になる〟時代を私たちは迎えつつあると言える。

一方、ここではひとまず簡潔な指摘にとどめたいと思うが、特に高度成長期以降の日本社会において、**「死生観の空洞化」**とも呼ぶべき事態が進行してきたということを、私はこれまでの著作の中で論じてきた（広井［２００１ｂ］）。

ここで「死生観」とは、さしあたり簡潔に言えば、「私の生そして死が、宇宙や生命全体の流れの中で、どのような位置にあり、どのような意味をもっているか、についての考えや理解」とでも表されるような内容のもので、もっと簡単に「〝私はどこから来てどこに行くのか〟、という問いに対する一定の答えを与えるもの」と言ってもよい。

そうした死生観が、現在の日本社会ではほとんど空洞化しており、死の意味ひいては生きることの意味やリアリティが見えなくなったり希薄化しているというのが「死生観の空洞化」という言葉にこめた意味である。

このことを、私自身は自分自身の経験として、あるいは大学でゼミの学生など若い世代に接する中で痛感してきた。後者について言えば、ゼミや講義で死生観などに関するテーマを取り上げる際、多くの学生が強い関心や、場合によってはある種の飢餓感のようなものを示すことを印象深く思ってきた。

そうした話題は、学校の授業など公の場で取り上げられることは少なく、また(いかに教会に定期的に通うような層が大きく減少しているとは言え)なおキリスト教あるいは様々な宗教における死生観に何らかの形でふれながら育っていくことが一般的である他の多くの国々に比べ、高度成長期に代表される戦後の日本においては、すべてが「経済成長」という世俗的な目標ないし関心に集約されたことから、戦前に対する反省も加わって、死生観あるいは死というテーマを正面から語ることはほとんど忌避されたのである。

そしてそのように〝公〟の場から死のテーマが排除される一方で、それらを一定以上扱ってきたのは、漫画やアニメ、音楽などのサブカルチャー的な領域だったと言えるだろう（象徴的な例をあえて一つ挙げれば、第5章でもふれる手塚治虫の『火の鳥』など）。

いま学生や若い世代にそくして述べたが、こうした「死生観の空洞化」という状況にある意味でもっとも深刻な形で直面しているのは、おそらくいわゆる団塊の世代前後の層だろうと思われる。先ほど指摘したような、戦後の高度成長期的な世界観を文字通り体現し、よくも悪くも、いかにこの生の世界の物質的な豊かさを拡大させるかという方向にひたすら邁進してきた世代だからである。

そして全体として見ると、現在の若い世代、団塊世代前後の世代、また私のような中間的な世代も含め、生きてきた時代的状況の違いはあれ、ある意味であらゆる世代が死生観とその空洞化、あるいはその再構築という課題に直面しているのが現在の日本社会であると言うこともできるだろう。

この場合、それは経済社会の変化に伴うごく自然な帰結でもあり、つまり先ほどから述べているように、ひたすら経済成長あるいは物質的な富の拡大を追求する、いわば「離陸」の時代から、世代間のつながりや、死までを含んだ生全体のより深い充足を求める「着陸」の時代への移行という構造変化と呼応しているのではないか。

言い換えれば、死生観のありようやそれへの態度は、時代の社会的状況と深く関わっていることになる。

変化の兆し

死生観をめぐるそうした新たな時代への〝変化の兆し〟の一つとして、たとえば次のような例がある。

それは『文藝春秋』の2013年7月号に掲載された「2013年のうらやましい死に方」という特集記事である。これは身近な家族や知人の看取りの経験等を通じての、人の死に方に関する読者の投稿から成り立つ企画で、寄せられた投稿に目を通してコメントをまとめたのが作家の五木寛之氏だった。

興味深いことにこの企画は、1999年に一度同様のものが行われたそうで、それに次いで二度目だという。そして印象深いのは、選者の五木氏が、1999年の時と比べて投稿の内容、あるいはその雰囲気や傾向にかなりの変化が見られると述べている点である。

すなわち五木氏は、現在の日本は団塊世代が死を迎える時代という意味で「『団塊死』の時代」という時代状況になろうとしており、「『死』はいま『生』よりも存在感を強めている」と指摘する。

その上で、今回の読者投稿を（1999年の）前回と比較して、「いま『生き方』と同じように、『逝き方』を現実の問題としてオープンに語り合えるようになってきた気配がある」と述べているのである。

もちろん、読者投稿という限られた範囲の比較から、死生観あるいは死について語ることへの姿勢をめぐる時代状況の変化について確たることが言えるものではないかもしれない。しかし先ほど確認したような「死亡急増時代」という現実的な状況の中で、また死が相対的に近い場所にある高齢世代の人口全体に占めるシェアが高まり、また経済全体が先述のように「離陸」の時代から「着陸」の時代に次第に移行する中で、自ずと死という話題が、非日常的で忌避すべきタブーではなくなり、文字通り〝日常的〟な話題の一つになっていくというのはごく自然な変化とも言えるだろう。

また、こうした「死について語ること」への態度の変化は、必ずしも直接的なものではない面もあるが、ターミナルケアあるいは看取りのケアのあり方への対応の変化とも関連してくる面があると思われる。

この話題はそれ自体独立して大きなテーマであり、私も90年代から様々な形で研究や調査等を行ってきたが、ここではそれが主題ではないので簡潔な指摘だけを行っておこう。

近年の変化で印象深いのは、医師の石飛幸三氏が2010年に公刊した『平穏死のすすめ

——口から食べられなくなったらどうしますか』（講談社）等の一連の書籍がベストセラーとなり、いわゆる胃ろうのあり方などを含めて、できるだけ延命的な医療は控えて〝穏やかな死〟あるいは〝自然な死〟を志向するという流れが、ひとつの明確な潮流として現れてきていることである（石飛［2010］）。

もちろんそうしたあり方を支持するか否かは、当然のことながらもっぱら個人の価値観や選択に委ねられるべきものであり、一つの正しい答えがあるというものではない。重要なことは死に方についてのそうした選択や多様性が認められるということだろう。

こうした変化に関しては若干の個人的な感慨がある。石飛氏も著書の中で言及されているが、私と何名かの研究グループが、同様の問題意識から日本国内での老人ホームでの看取りのあり方や海外での状況等を調査し、それを「福祉のターミナルケア」と題する報告書として公表し（1997年）、看取りにおける福祉的ケアの重要性や「死に場所の選択の拡大と多様化」といった提案を行った際、その内容をめぐって大論争となったことがあった（報告書の主な部分は広井［1997］に収録）。

当時はなお高齢者の看取りのあり方を正面から論じること自体がタブーに近い面があり、そうした頃と比べると、先の「うらやましい死に方」にしても、「平穏死」にしても、死や看取りについて語ることや、そのありようをめぐる状況は大きく変化してきたと言える。

まさに〝隔世の感〟と呼べるものだが、やはりこれも背景にあるのは本節で述べてきた「死亡急増時代」や高齢化という構造変化であるだろう。

生と死のグラデーション

以上のような話題と関連することとして、いささか私的な事柄にわたって恐縮であるが、認知症気味の私の母の話に少しふれることをお許しいただきたい。

私の実家（岡山）にいる母親は今年89歳になるが、何十年も続けてきた商店――地方都市の例に漏れず半ばシャッター通り化している商店街の一角にある――を数年前に店じまいしたこともあってか、しばらく前から現れていた認知症の症状が一層顕著になってきた。

以前にはなかったことだが、しばらく前から、10年以上前に亡くなった両親や、7年ほど前に亡くなった夫（つまり私の父）は今どこに行っているのか、なかなか帰ってこないではないか、といった趣旨のことを口にするようになった（最近はそうした話をすること自体も少なくなってている）。

そのような母親の言葉を聞いていると、ある意味で半分〝夢の中の世界にいる〟、といった印象を受けることがある。あるいは、これはしばらく前から感じていたことだが、「生」と「死」というのは通常思われているほど明確に分かたれるものではなく、そこには濃淡のグラデーションのようなものがあり、両者はある意味で連続的であって、母親はそうした（中間的な）状態にあるようにさえ思えることがある。

以前は、「ピンピンコロリ」といった言い方もあるように、たとえば〝昨日まで田んぼで農作業をしていたが今朝見たら亡くなっていた〟というようなイメージとともに、生から死へとストンと落下するような、ある意味で非連続的な生―死のとらえ方が一般的で、またそうした亡くなり方が比較的望ましいものとして描かれることが多かった。

それは最終的には価値観の問題であり、私はそれはそれで一つの〝良い〟死に方になりうると思ってきたが、しかし同時に、先ほど述べたような「生と死のグラデーション」あるいは「生から死へのゆるやかな移行」という見方も重要ではないかと思うようになったのである。

それは理屈っぽく言えば、「生」と「死」を明確に区分し、「生＝有、死＝無」とした上で、死の側を視野の外に置いてきた近代的な見方に対し、生と死をひとつづきの連続的なものとしてとらえることで、いわば死をもう一度この世界の中に取り戻し、両者をつなげるという意味をも担うのではないか。

あるいは、生を高らかにうたう近代的な思考が、死に対しては、あたかもそれを完全な敵として、それに対して断固として立ち向かうという発想を基本にもっていたのに対し、むしろ老いのプロセスの中で、肉体や精神のゆるやかな衰えとともに、徐々に死を受け入れ、和解し同化するという見方につながるのではないだろうか。この「生と死のグラデーション」あるいは生と死の連続性というテーマは、本書全体の通奏低音となるものであり、最終章においてあらためて立ち返りたい。

4　ポスト成長時代における死生観

「地域密着人口」の増加

さてこのように考えていくと、私がこれまで別の文脈で〝「地域密着人口」の増加〟という表現でとらえていた現象が、別の新しい意味をもっていることが見えてくる。

「地域密着人口」とは、子どもと高齢者を合わせた人口のことである。なぜそれを「地域密着人口」と呼ぶかというと、考えてみれば自明のことだが、人生全体の流れの中で、子どもの時期と、退職して以降の高齢の時期は、「地域」とのつながりが比較的強い時期だからである（それに対し現役時代はなんといってもカイシャないし職場とのつながりが強く、概して地域とのつなが

図表1-2　「地域密着人口」の増加

人口全体に占める「子ども・高齢者」の割合の推移（1940–2050年）

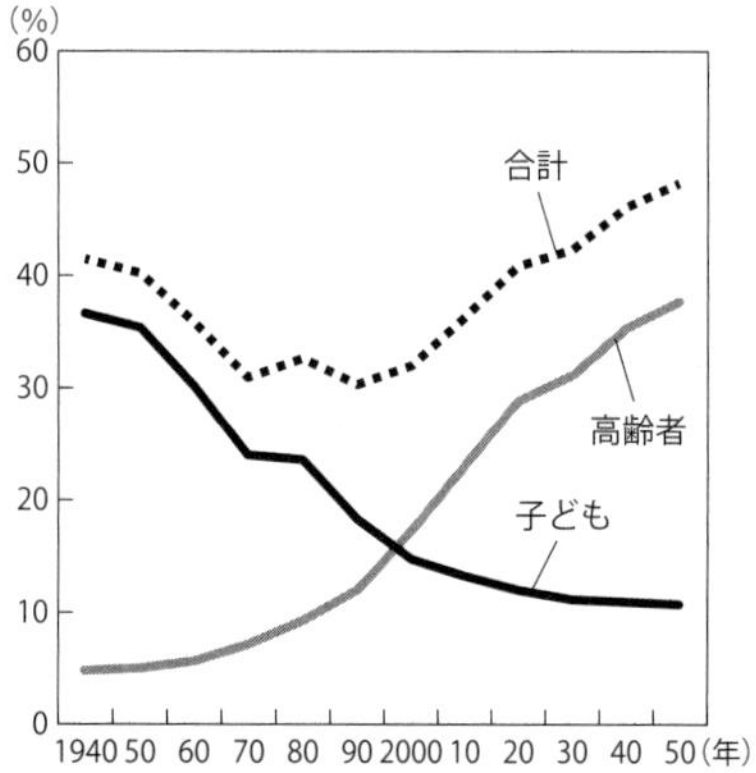

（注）子どもは15歳未満、高齢者は65歳以上。
（出所）2010年までは国勢調査。2020年以降は国立社会保障・人口問題研究所「日本の将来推計人口（平成29年推計）」を基に作成。

りは薄い）。

そうした「地域密着人口」が人口全体の中で占める割合の推移を、過去と未来を含めて少し長いスパンで見たのが図表1－2である。

これを見ると、その推移はほぼ〝U字カーブ〟を描いていることがわかる。つまり、地域密着人口は高度成長期に象徴されるような、「拡大・成長」を基調とする戦後の50年前後は減少を続けてきたが、2000年代に入って増加に転じ、今後は2050年頃にかけて一貫して増加していく見通しとなっている。

もちろんその実質は高齢世代の増加だが、こうした構造変化の中で、「地域」と関わりの強い人々の層が着実に増えていき、

（成長の時代には影が薄くなっていった）「地域」というものの存在感が確実に大きくなっていく。これが〝「地域密着人口」の増加〟という言葉に込めた趣旨だった。

しかしそれに加えて、先ほど「別の新しい意味」がこの構造変化には含まれていると述べたのは、次のような意味である。

それは、本章で述べてきた死生観や生と死をめぐるテーマとの関連で、いささか象徴的な表現を使うなら、この「地域密着人口」は、実は同時に**〝夢人口〟**とも呼べるような性格をもっている層であり、そうした〝夢人口〟が増えていくのがこれからの時代であるという把握である。

「夢」という言葉は様々な意味で使われるが、ここで夢と言っているのは〝将来は○○になるのが夢だ〟というような、人生設計的な意味での夢ではない。そうではなく、一言で表現するのが難しいが、ここでの夢は、「現実あるいは世界というものを多層的に見る」とか、「（直線的ではないような）ゆるやかな時間を生きる」といった意味での「夢」である。

あらためて言うまでもないことだが、現役時代というのは、仕事の様々なスケジュールに追われ、完全に〝カレンダー的な時間〟ないし直線的な時間の中を生きている。それは確固とした、一枚岩的で定かな「現実」であり、そこから逃れる術は（カイシャを完全にやめるなどしない限り）さしあたりない（こうした傾向が特に強かったのが、高度成長期を中心とする戦後の日本社会だった)。

しかし退職して以降の高齢期は、もちろん個人差もあり、また一概に一般化できるものではないが、少なくともそうした現役時代のカレンダー的な時間からある程度〝解放〟され、自由になるだろう。見えてくる「現実」も、現役時代に比べ少し幅が広がり、多層的になっていくのではないだろうか。〝夢人口〟期へのゆるやかな移行である。

そしてさらに齢を重ね、70代後半あたりになってくると、徐々に記憶や思考などにも揺らぎが生じるようになり、また死も徐々に意識されるようになっていく。さらにやがて認知症的なことも現れてくると、先ほど私の母親の例についてふれたように、半分以上〝夢の中にいる〟ようにもなってくる。

以上が高齢世代に関する〝夢人口〟の意味だが、中身は異なるが同様のことが言えるのが「子ども」の時期である。

子どもの時代の「時間」も、大人になってからの時間のようにカレンダー的に完全に整序された時間ではなく、子ども時代を思い出してみればわかるように、そこには様々な〝スキマ〟があり、単一的な現実からはみ出るような部分をもっていた(ただしある時代から、特に東京など大都市圏の子どもの場合は、小学生の時から進学塾に通うのが当たり前になるなど、早い段階から「大人」と同じようなカレンダー的な時間、あるいは〝上昇のエスカレーター〟の現実の中に巻き込まれるようになったのだが)。

〝夢人口〟との関連で、高齢者と子どもがもう一つ共通している面がある。たとえば古くから〝7歳までは神のうち〟といった表現があったように、子どもと高齢者はいずれも「死」に近い場所に位置しており、したがってこの世界を超えた、あるいは〝向こうの世界〟との接点に近いところにいると考えられてきたという点である。

こうした高齢者と子どもの近接性は、人生の全体を生誕から始まり大きく弧を描いてまた元の場所に戻る「円環」のようなものとしてイメージすれば、特に明瞭となるだろう(こうした子どもと高齢者の近接性や、時間ないし死生観との関わりについては広井[2001b]参照)。

ポスト成長時代における〝夢と現実〟あるいは「生と死」のクロス

以上のように、「地域密着人口」である高齢者と子どもは、別の観点から見れば〝夢人口〟とも呼べる性格をもっている。

あらためてその趣旨をまとめると、〝夢人口〟とは、カレンダー的あるいは直線的な時間に象徴されるような、一枚岩的な「現実」の世界から少し距離を置き、ゆるく、多層的な現実の中を生き、「死」とも相対的に近い場所にいる層のことである。

そして先ほど「地域密着人口」の割合の年次推移のグラフを見たように、これからの時代は、そうした〝夢人口〟が、高齢者を中心として2050年頃に向けて一貫して増加していく時代となる。

それが日本社会のあり方や人々の意識、行動様式等々にどのような変容をもたらすかについては、そう簡単に定かなことは言えないだろう。そもそも〝夢人口〟という把握が的確であるかどうか自体、さらに吟味する必要がある。

ただおそらく以上のような考察から言えることとして、今後日本社会において、次のような変化が徐々にではあれ深い次元で進行していくことは十分にありうると思われる。

すなわち社会の相貌が、高度成長期に象徴されるような拡大・成長の時代においては、強固で一枚岩的な「現実」に統合されていった――並行して「死」は排除されていった――のとは逆に、よくも悪くもそうした**現実に様々な〝ほころび〟や〝スキマ〟が生じ、その意味で現実というものが多層化し、かつ並行して年間死亡者が着実に増加し高齢化も進む中で、〝夢と現実〟あるいは「生と死」の境界線が薄まり、あるいは両者がクロスしていくような、社会的変化が進んでいく**という点である。

それは高齢化と人口減少、あるいは「ポスト成長」の時代という社会構造の変化が、人間の意識や死生観ないし世界観にもたらす変化であるとさしあたり言ってよいだろう。

ちなみに社会学者のハーバーマスは、これからの時代が、「ポスト世俗化」の時代になっていくということを述べている（ハーバーマス［2014］他）。その趣旨は、近代社会においては、それまでの時代における宗教や「非合理的」な物の見方が背景に退き、狭い意味での科学的ないし合理的な自然観や世界観が支配的になっていったが（＝世俗化）、これからの時代は、そうしたベクトルとは逆の方向が顕在化していくというものである。ここで論じてきたことは、そうした視点とも関連しているだろう。

そして実はこのような話題は、現代の科学の新たな展開とも共振する。それは「リアルとバーチャルの連続化」と呼びうるような方向だ。

本章の初めで述べた点だが、いわゆるＡＩや情報技術などが高度化する中で、『マトリックス』や『インセプション』といった映画が印象的に描いてきたように、現実とは〝脳が見る共同の夢〟であるという世界観が浸透し始めている。つまり何がバーチャル（仮想的、夢）で、何がリアル（現実）かの境界線が曖昧になり、連続化しているのである。

こうして情報テクノロジーの展開という全く異なる背景からも、「夢と現実」の境界、そして「生と死、有と無」の境界のゆらぎが生じ、あるいは「リアルとバーチャルの連続化」が進んでいる。

先ほど述べた超高齢化の進展や、ポスト成長時代という状況とも相まって、このような根本的に新しい――同時に〝なつかしい未来〟と呼びうる面をもった――時代の構造変化の中に、私たち日本人の死生観のゆくえは位置しているのではないだろうか。

「無」に関する学際的探究の必要性

そしてまた、本章の前半で見たように、近代科学それ自体もまた、その歩みの究極の展開において、「無」そのものを正面から論じるに至っている。前著でも記したことなので簡潔にとどめるが、「無」や死生観をめぐるテーマにとって、よく知られた次の芭蕉の句は、様々な示唆を含んでいると思われる。

閑《しづか》さや岩にしみ入る蝉の声

以前、私はその趣旨を次のように理解していた。ここでの「蝉」、短い一生でありながら命の限り声を出して鳴いている蝉とその声はまさに「生命」の象徴であり、一方、ここでの「岩」は、イメージとしては奥深い山の池のほとりにある、苔むし少し湿って黒々とした岩で、それは「死」の象徴である。

そして、蝉の声が岩に「しみ入る」というのは、まさに静寂を舞台に「生と死」が融合するという、宇宙的とも言えるような世界観を表現したものである――。この句はそのような意味で、生と死の連続性、あるいは有と無の融合ということを表現していると思っていた。

しかし数年前、毎月のように行っている八ヶ岳の南山麓で何気なく過ごしていた時、次のような印象深い体験をした。それは、かつて噴火があった時のものかと思われる、その近辺にわりと多く見られる巨大な岩の群のいくつかが、まるで大きなエネルギーをもっていて、こちらに迫ってくるように私に感じられたのである。〝存在のエネルギー〟とでも呼べるかもしれない。

そして、そのような経験から先ほどの芭蕉の句を思うと、それがかなり違った意味として理解されると考えるようになった。

すなわち、芭蕉の句での「岩」は、先ほど述べたような「死」の象徴というよりは、むしろ根源的な「生命」あるいは究極の「存在」そのものを表すものではないか。そして静けさの中で蝉の声がしみ入るというのも、それらが生命や存在の根源に融合するといったイメージではないか。そのように思うようになったのである。

以上のことは、私の主観的な経験や感覚、またそこから派生する芭蕉の句の一つの解釈を述べたものに過ぎない。

ただ同時に次のようなことも考えた。すなわち、思えば現代の物理学的な視点に立てば、たとえば「岩」はマクロ（巨視）的に見れば〝不動〟に〝静止〟しているように見えても、その原子やその内部構造などミクロのレベルまで降りて見れば不断に〝運動〟し〝変化〟している。さらに、アインシュタインの「$E=mc^2$」に示されるように、物質とエネルギーは最終的に互換的なものだとすれば、多少比喩的に言えば岩のような物質ないし物体は〝エネルギーのかたまり〟とも言えるのであって、岩にある種の「エネルギー」を感じとるという経験は、一概に非合理的と言えない面もあるだろう。

一方、本章の2節で述べた「無と静寂」をめぐる話題を思い出すと、先の芭蕉の句は「しづかさ」というテーマが基調にあり、それは遠藤周作氏の「静けさ」に関する文章（茶室の静寂には宇宙の生命にふれる何かが含まれているという指摘）と接点をもち、またその前後で述べた「真空のエネルギー／無のエネルギー」をめぐる話題とも関わってくるだろう。

このように、「有と無」ないし「生と死」をめぐるテーマを、生命、エネルギー、存在等々といった基本概念の再吟味とともに、多面的な角度から掘り下げていくことが分野を超えた課題となっているのではないか。

ちなみにやや異なる文脈の話題となるが、近年マインドフルネスという考え方やそれを踏まえた瞑想法などが広く関心を集めている。その源流は仏教におけるヴィパッサナー瞑想と呼ばれる森林での瞑想で、ヴィパッサナーとは全体を一歩外から見渡す（「観」）というのが基本的な意味である（伊東［2015］参照、写真1-2は八ヶ岳南麓の森）。

写真1-2　八ヶ岳南麓の森

こうした現代的な話題も、先ほどの「静けさ」「静寂」というテーマを含め、本章で述べてきた「無」の主題と通底していると思われる。いわば「無とともに生きる」あるいは「無を力とする」といった視点が課題となっているのではないか。

いずれにしても、「無」についての文・理を超えた、科学、人間、死生観、社会等の多方面に及ぶ領域横断的な探究が今こそ求められている。こうした関心を踏まえながら、次章以降でその探究を進めていこう。

第2章

有限性の経済学

第1章では、「無と死を考える時代」という時代認識を踏まえながら、無や死の意味についての新たな探究が求められていることを述べた。

ここでは、そうした関心を踏まえながら、本書のイントロダクションで示した「有限性」をめぐるテーマに立ち戻りつつ、時間的な視野を人類史の全体へと大きく広げる形で、新たな角度からの考察を進めてみたい。

1 資本主義と無限

「有限性」をめぐる二つの局面

確認すると、イントロダクションで述べたのは、

（a）人間の「生」（個人の人生）の有限性

（b）地球環境あるいは経済社会の有限性

という二つの次元の有限性に関する現在の状況だった。

このうち（a）については、〝現代版「不老不死」の夢〟という話題にそくしながら、「意識の永続化」や「身体の永続化」を追求し、個人の人生の有限性を突破しようとする試みが活発になっている状況を指摘した。同様の議論としては、日本でもベストセラーになったユヴァル・ノア・ハラリの著作『ホモ・デウス』が、「飢餓と疫病と戦争」という古代からの難題を大方克服してきた人類にとって、残された課題は〝不死・幸福・神性〟の三者であると論じたことも思い出されるだろう（ハラリ［2018］）。

一方、（b）については、ある意味でそれはより見えやすい形で顕在化しており、イントロダクションでは新型コロナのパンデミックや気候変動の問題を指摘したが、特に後者については地球環境や資源、生態系の「有限性」がストレートに浮上している。関連する最近の話題では、スウェーデンの環境活動家グレタさんの活動や言動が賛否両論の反応を引き起こし、世界的なレベルの〝炎上〟を招くなどしている。

「有限性」をめぐる二つの局面――人間の「生」の有限性と「環境」の有限性――を確認したが、以上の両者は、互いに異なる文脈で論じられており、通常一緒に論じられることはない。しかし「有限性」という視点でとらえ返していくと、実はいずれもその根底にある世界観・人間観に関わる、共通の根をもっていることが明らかになるのである。

本章ではこうした関心を踏まえながら、さしあたり有限性をめぐる（b）の局面にまず焦点をあて、人間がそうした話題をこれまでどのようにとらえ、対応してきたかを歴史的な流れの中で明らかにし、さらに今後の展望を考えてみたい。

近代科学と「無限」

環境や経済社会の「有限性」という話題を考える際に、まず導きの糸としたいのは、経済学あるいは近代科学において、この「有限性」ということがどのように理解されてきたかという点である。

そこでまず気づくのは、そもそも近代以降の（主流的な）経済学が、環境の有限性というテーマに十分な関心を示していないという点であり、言い換えれば、それら経済学のパラダイムが、**経済社会あるいは世界そのものを〝無限〟の存在としてとらえて**きており、世界や人間の「有限性」ということへの認識が大きく欠落しているという点だ。

実のところ、これは経済学に限った話ではない。この点をより大きな文脈の中で理解するために、20世紀を代表する科学史家の一人であるアレクサンドル・コイレの著書『閉じた世界から無限宇宙へ（From the Closed World to the Infinite Universe）』の議論を取り上げてみよう（コイレ［1973］、写真2－1）。

写真2-1　アレクサンドル・コイレ『閉じた世界から無限宇宙へ』

この著作はきわめて印象的な内容の本だが、ここでコイレは、17世紀のヨーロッパで生成した「近代科学」における世界像の基本的特質は、古代そして中世において支配的であった〝閉じたコスモス〟から、無限の空間・時間とともに広がる「無限宇宙」という世界像への転換がなされたことにあると論じた。

このことと並行して、世界からは「意味」が脱色され、中心性が失われると同時に、人間ないし個人はそうした機械的な「無限宇宙」の中で振る舞う存在として位置づけられたとコイレは述べる。

現在の経済学は、このようにして成立した「西欧近代科学」の（もっとも〝遅れて〟登場した）一部門として生成・展開し、また様々な形で論じられてきたように、近代科学の成立を象徴するものとしてのニュートンの古典力学的な世界像を原基的なモデルとして展開してきた。

したがって、現代の経済学が前提とする世界像の核心に「無限宇宙」ないし「世界の無限性」があるという認識は、近代科学全般についての以上のような科学史的理解を踏まえれば、ある意味でごく自然な把握として浮かび上がってくると言えるのである。

資本主義・無限・倫理

いま、現代あるいは近代以降の（主流的な）経済学が、「有限性」というテーマに十分な関心を示していないという点を指摘したのだが、実はそれは、近代以降の経済社会を特徴づける、ごくシンプルな事実に由来すると考えることもできる。

それは、**資本主義というシステムそのものが、資本あるいは経済の「限りない拡大・成長」をその基本原理としている**という点だ。

拙著『ポスト資本主義』でも論じた点だが、たとえば世界システム論で知られるウォーラーステインは、資本主義を「**無限の**資本蓄積が優先されるシステムとして定義される史的システム」（強調原著者）であると指摘しつつ、次のように述べている。

資本主義は、利潤獲得を目的として市場での販売のために生産を行う諸個人ないし諸企業の存在だけで定義されうるものではない。そのような個人や企業は、世界中いたるところに、何千年も前から存在してきた。……**無限の**資本蓄積を優先するようなシステムが現われてはじめて、資本主義のシステムの存在を言うことができる。この定義を用いると、近代世界システムだけが、資本主義的なシステムであるということになる（ウォーラーステイン［2006］、強調原著者）。

このように、資本主義というシステムは、その核において経済の**「無限の拡大・成長」**という原理を内包している。

慧眼の読者はお気づきのように、これはウォーラーステインをもち出さずとも、資本に関するマルクスのシンプルな定式化である「G（貨幣）―W（商品）―G'（貨幣）」ですでに語られていることだ。つまり特定の商品の獲得を目的とする〝買うための売り〟ではなく、所有する貨幣の量的増加それ自体が目的の〝売るための買い〟が資本の本質であり、マルクスは「それだから、**資本の運動には限度がない**のである」と述べた（マルクス［1972］、強調引用者）。

歴史的には、こうした経済システムの生成は、たとえばイギリスの東インド会社の設立（1600年）に象徴されるように、17世紀前後の時代において大きく展開していった。

写真2-2　バーナード・デ・マンデヴィル『蜂の寓話』

THE
FABLE
OF THE
BEES:
OR,
Private Vices,
Publick Benefits.

LONDON:
Printed for J. ROBERTS, near the *Oxford Arms* in *Warwick Lane*, 1714.

副題は「私的な悪が公共の利益につながる」との意。マンデヴィルは「質素、倹約」は個人の徳にはなるかもしれないが社会的には悪であり、むしろ浪費や貪欲こそが社会の発展につながるとした。“資本主義の精神”の宣言とも言える。

しかしここで忘れてはならないのは、こうしたシステムの成立は、単に客観的あるいはマクロレベルの社会システムの転換としてのみ遂行されていったのではなく、そこに存在する人間あるいは個人の「意識や価値、倫理、行動様式」そのものの改変を伴うものであったという点だ。

このことを象徴的に示すものとして、やはりここで確認しておきたいのが、資本主義の勃興期におけるオランダの思想家バーナード・デ・マンデヴィル（１６７０－１７３３）の著作『蜂の寓話（The Fable of the Bees）』のもつ意味である。

この著作は１７０５年に初版が公

表され、やがて1723年の版からその〝反道徳的〟で過激な内容が世間で大いに注目されるようになり、裁判沙汰にもなるなどした。同時にこの著作あるいは彼の思想は、ヒューム、アダム・スミス、ベンサム、ミル、ヴォルテールといった人々に影響を与えていったと言われる(写真2-2)。

マンデヴィルのこの著作の要点は、同書のサブタイトルになっている「私悪すなわち公益(Private Vices, Public Benefits)」という言葉にある意味で集約されている。

すなわちマンデヴィルはこの本の中で、たとえば質素倹約といった個人のレベルでの〝美徳〟は社会全体の利益にはつながらないとし、逆に、これまで道徳的に悪とされてきた、放蕩や貪欲といった行為、一言でいえば「限りない私利の追求」という行為が、結果的にはその国や社会の繁栄につながり、また雇用や経済的富も生み出すと論じたのである。そこには粗野な形ではあれ、〝資本主義の精神〟ともいうべきものが凝縮された形で表現されている。

「富の総量の限りない拡大・成長」という条件

ところで、ではそもそもなぜ「個人の悪徳」ないし私利の追求が「公共的な利益」につながるのか。実はここでもっとも本質的なポイントとなるのが、「富の総量の限りない拡大・成長」という点である。ここにマンデヴィルの著作と本章での「資本主義と無限」というテーマの接点が生じることになる。

つまり、もしも経済あるいは資源の総量というものがある一定の〝有限な〟範囲にとどまるのであれば、一人の強欲ないし取り分の拡大は、そのまま他の者にとっての取り分の減少を意味する。したがって、「私利の追求」は何らかの意味で、その共同体ないし社会において負の評価を受け、道徳的ないし倫理的にネガティブな意味を担うことになるだろう。

しかし、もしもそうした経済の「パイ」の総量自体が〝無限に〟拡大・成長しうるものだとすればどうだろう。そうなると状況は一変し、むしろパイの総量の拡大を促すような個人の（〝利己的な〟）行動こそが（他の者にとっても）望ましいということになるだろう。

すなわち、以上に示唆されるように、**何が道徳的ないし倫理的にプラスとされるかは、行為それ自体によって決まるのではなく、その社会における富の総量（パイの大きさ）が有限であるか、無限に拡大しうるものであるかという状況によって規定される**のだ。

一歩メタレベルから見るならば、マンデヴィルの議論の意味はまさにこの点にあったと言える。すなわちそこで生じていたのは、経済や資源消費の規模が〝有限〟の範囲にとどまるような社会から、そうした経済の総量ないしパイ自体が〝無限の「拡大・成長」〟を続けるような社会――すなわち資本主義――への根本的な転換だった。

しかもそれは同時に、本章の冒頭で言及した、科学史家アレクサンドル・コイレが近代科学の世界像にそくして論じた、**「閉じた世界から無限宇宙へ」という転換**と呼応するものに他ならなかった（こうした「近代科学」と「資本主義」の表裏一体性という把握については広井［２０１５］を参照）。

連動して、「個人の自由」ないしリベラリズムという近代の中心的な価値も、先ほどマンデヴィルにそくして論じた「倫理」のあり方と同様に、実はここで述べている「無限宇宙」あるいは「世界の無限性」という世界像と不可分のものであることに注意する必要があるだろう。つまり「自由」という観念と、「世界の無限性」という観念は深いレベルで結びついているのである。

いずれにしても、こうしてマンデヴィルの時代に生じたのは、「個人の私利の追求→経済のパイの総量の拡大→（当人そして他者を含む）社会全体の利益の増大」という新たなサイクルの開始であった。ある意味で、資本主義とは「〝私利の追求〟を最大限に（うまく）活用したシステム」とも言え、その条件は、何らかの要因によって経済のパイの総量が無限に「拡大・成長」しうるという点に他ならなかった。

いま「何らかの要因によって」と述べたが、マンデヴィルよりも後の時代を含めてこの「パイの総量の限りない拡大・成長」を可能にした条件は、16世紀におけるイギリスでの農村の初期的な工業化、やがて18世紀後半以降の産業革命を通じた新たな技術パラダイム、そしてそれによる地下資源・エネルギーの活用と、地球上の他の地域つまり植民地への進出とそこでの大規模な資源開発であった。

ちなみに経済史家のポメランツは、影響力をもった著作『大分岐（The Great Divergence）』の中で、1750年頃まではヨーロッパの最先進地域たるイングランドと中国の長江下流域との間にきわめて類似した発展パターン（商業化とプロト工業化）が見られたが、その後ヨーロッパとアジアが大きく分岐し、かつそれまでの人類史と異なる大きな断絶が生じたとしつつ、その原因を（イングランドでの）石炭そして新大陸への植民地拡大という偶然的・地理的要因に求めている（Pomeranz［2000］）。

さしあたってそれは（ヨーロッパにおける地理上の発見等を通じた国際貿易の拡大という）〝空間的〟な側面を含むものではあるが、その実質は、自然資源の圧倒的な規模での開発と搾取という、食糧・エネルギーの利用形態の根本的な転換にあったと考えられるのである。

新たな時代状況と諸科学の変容

以上を踏まえた上で、ここで確認したいのは、そうした**マンデヴィル的な時代状況とはちょうど逆の地点に、現在の私たちは立とうとしている**という点である。

逆の地点というのは、ここで論じているような「限りない拡大・成長」という理念やベクトルが、地球資源の有限性といった物質的・外面的な意味でも、また人間の「幸福」といった精神的な面でも、ある種の転回点ないし限界に達しつつあるという趣旨である。

既に拙著の中で指摘してきた点だが（広井［２０１１］、同［２０１９］）、興味深いことに、これと呼応するかのように、近年、人文社会科学系から自然科学系を含め、人間の「協調行動、利他性、関係性」といった点に注目するような研究や著作があたかも百花繚乱のように起こっている。たとえばそれは、

①人間の脳が進化する過程において他者との相互作用や関係性こそが決定的な意味をもったとする（第1章でも言及した）「ソーシャル・ブレイン（社会脳）」論や、いわゆる「ミラーニューロン（他者の痛みを自己の痛みとして認識するような機構に関わる神経基盤等の研究）」などに見られるような脳研究の一部

②人間の病気や健康において、他者やコミュニティとのつながり、格差や貧困、労働のあり方等といった「社会的」な要因がきわめて大きな影響をもっている（＝「健康の社会的決定要因 social determinants of health」）とする社会疫学（social epidemiology）の台頭

③人と人との信頼やネットワーク、規範といった関係性の質に関する「ソーシャル・キャピタル（社会関係資本）」論

④人の利他的行動や協調行動に関する進化生物学的研究

⑤経済発展との関係を含む、人間の幸福感やその規定要因に関する「幸福研究」などである（これらにつき藤井［2009］、ウィルキンソン［2009］、ガザニガ［2010］、パットナム［2006］、友野［2006］、Bowles and Gintis［2011］等参照）。

要するに、文・理を通じた様々な研究分野で、先ほどのマンデヴィル的な世界観とは逆のベクトルの、**人間の利他性、協調行動、関係性等に関心を向けた議論や研究**が一気に沸き起こっているという状況である。

そしてこの場合、私が論じたい点はそのもう少し「先」にある。すなわち、では一体そもそもなぜこのように、人間の利他性や協調行動等に注目した議論が諸科学の様々な領域で〝同時多発的〟に生成しているのか、その（社会的）背景は何かという問いを考えてみたい。

それに対する私のさしあたりの答えは、それはまさに私たちが今、限りない拡大・成長の時代の後に来る「定常化」の時代――これが人類史の中では〝三度目〟のものであることをこの後で述べる――、あるいは「ポスト資本主義」的な状況を迎えているからではないかということである。

基本的な認識に関わることだが、人間の倫理や価値あるいは科学のパラダイムといったものは、歴史的な文脈の中で、その時代の社会経済状況と深く関わりながら生成する。もう少し踏み込んで言うと、およそ人間の観念、思想、倫理、価値原理といったものは、〝真空〟の中で存在するのではなく、究極的には、ある時代状況における人間の「生存」を保証するための〝手段〟として生まれるのではないか。

だとすれば、近年の諸科学において、人間の利他性や協調行動等が強調されるようになっているのは、そのような方向に人間の行動や価値の力点を変容させていかなければ、人間の生存が危ういという状況に現在の経済社会がなりつつあるからではないか。

そしてこの場合、**「人間の生存が危うい」というのは、他でもなく、環境や資源の「有限性」あるいは「世界の有限性」という状況あるいはテーマに現在の私たちが向かい合っているということである。**

ここにおいて、「有限性の経済学」という本章の表題に掲げたテーマが浮かび上がることになる。それは先ほども指摘したように、マンデヴィルの生きた時代とはちょうど〝逆〟の時代状況であり、あるいはまた、本章の冒頭で言及した、科学史家アレクサンドル・コイレが近代科学の世界像の本質として指摘した「閉じた世界から無限宇宙へ」という方向とは反対のベクトルに向かう構造変化である。

こうした話題を、以下ではもう少し大きな視座の中でとらえ返してみよう。

2 人類史における拡大・成長と定常化

人類史におけるサイクル

ここでは時間軸をさらに広げて、以上のような話題を、人類全体の歴史の中に位置づけて把握しようとした場合、私たちはどのような視座や展望を持ちうるかを考えてみたい。

拙著において既に幾度か論じてきた点であるが(広井[2009b]、同[2011]、同[2015])、**人類史を大きく俯瞰すると、それは人口や経済における「拡大・成長」と「定常化」というサイクルをこれまで3回繰り返してきており、しかも、拡大・成長から定常化への〝移行〟期において、それまでに存在しなかったような革新的な思想や観念が生成する**という理解が浮かび上がってくる。

この点に関して、まず図表2-1を見てみよう。これは世界人口の長期推移について先駆的な研究を行ったアメリカの生態学者ディーヴェイの仮説的な図式を示したものであり、世界人

図表2-1　世界人口の超長期推移（ディーヴェイの仮説的図式）

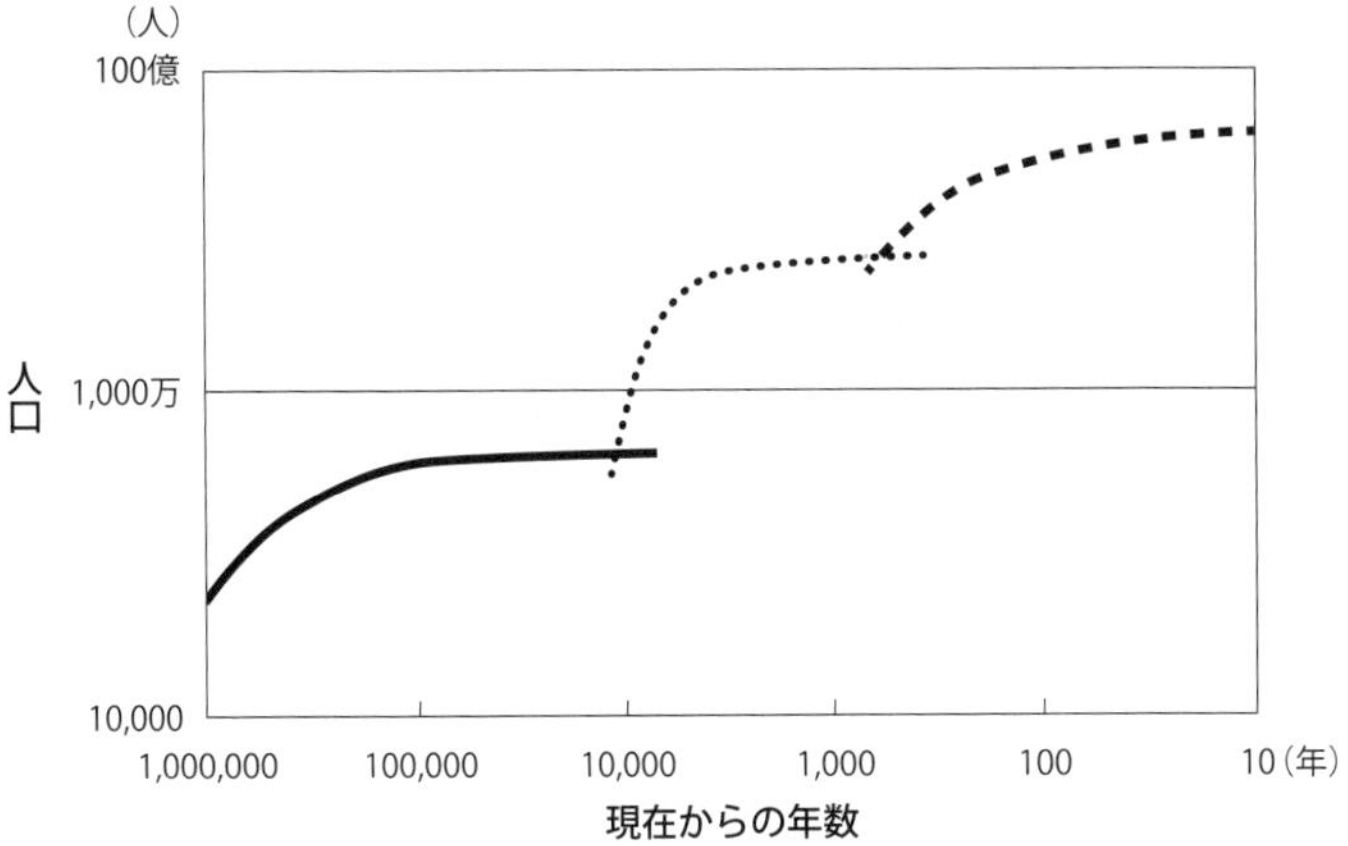

（出所）Cohen［1995］.

口の拡大・成長と成熟・定常化に関する三つのサイクルが見て取れる。

すなわち、第一のサイクルは私たちの祖先である現生人類（ホモ・サピエンス）が地球上に登場して以降の狩猟採集段階であり、第二のサイクルは約１万年前に農耕が始まって以降の拡大・成長期とその成熟であり、第三のサイクルは、近代資本主義の勃興あるいは産業革命以降ここ３００〜４００年前後の拡大・成長期である。この意味では、私たちは今「第三の成熟・定常化」の時代を迎える入り口あるいは移行期に立っていることになる。

ちなみに、実証的な人口推計をベースに一人当たりＧＤＰに関する一定の仮定を加えて、アメリカの経済学者のデロングが「世界ＧＤＰの超長期推移」を推計したのが図表２

図表2-2　超長期の世界GDP（実質）の推移

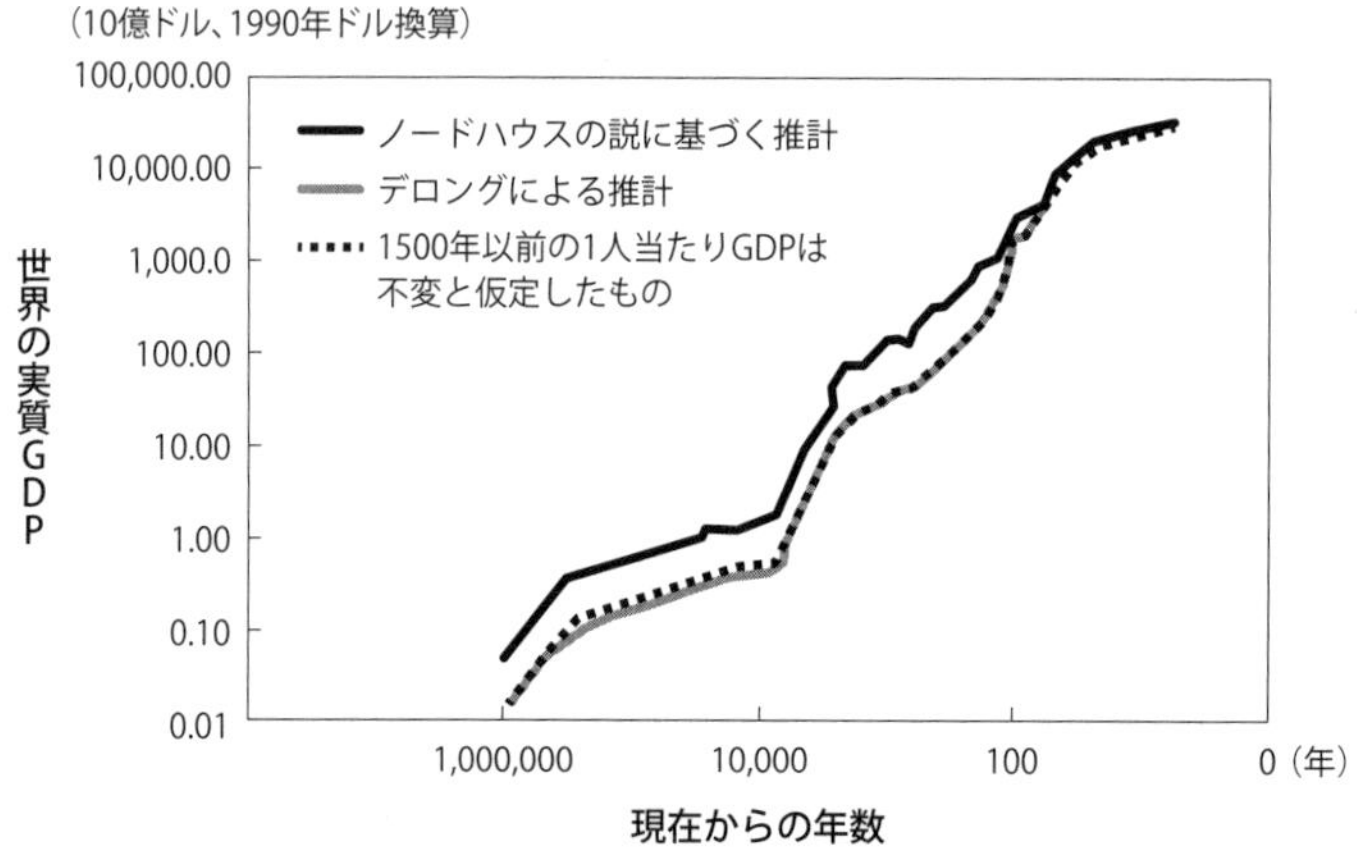

（出所）DeLong［1998］.

−2である。これはごくラフな性格のものだが、上記の三つのサイクルがおぼろげながらも示唆されている。

ところで、ではそもそもなぜ、人類の歴史においてこうした人口や経済の拡大・成長と定常化のサイクルが起こるのか。

これは端的に言えば、**人間による「エネルギー」の利用形態**、あるいは少し強い言い方をすると、人間による〝自然の搾取〟の度合いという点と対応している。つまり、栄養分ないし有機化合物を自ら作ることができるのは植物（の光合成というメカニズム）だけなので、動物は植物を食べ、人間はさらにそれらを食べて生存を維持している。それが狩猟採集段階ということになるが、農耕が1万年前に始まったのは、食糧生産つまり植物の光合成を人間が管理し安定的な形で栄養を得る方法を見出したということである。

そして近代ないし工業化の時代になると、「化石燃料」と言われるように、数億年にわたって地下に蓄積した生物の死骸からできた石炭や石油を燃やし、エネルギーを得ることを人間は行うようになった。言い換えれば、〝数億年〟という長い時間かかって蓄積された資源を、私たちは〝数百年〟でほとんど燃やし、使い尽くそうとしているのであり、その燃焼の過程で生まれる二酸化炭素量の急激な増加が温暖化の大きな背景になっているのである。

定常化への移行期における新たな観念の生成

以上のように、人間の歴史には「拡大・成長」と「定常化」のサイクルがあり、その3度目の定常化の時代を迎える入り口に立っているのが現在の私たちである。

そして、ここで特に注目したいのは、先ほど言及したように、人間の歴史における拡大・成長から成熟・定常化への移行期において、それまでには存在しなかったような何らかの新たな思想ないし価値、あるいは倫理と呼べるものが生まれたという点だ。

議論を駆け足で進めることになるが、しばらく前から人類学や考古学の分野で、「心のビッグバン（意識のビッグバン）」あるいは「文化のビッグバン」などと呼ばれている興味深い現象がある（内田［2007］、クライン他［2004］、ミズン［1998］等）。たとえば加工された装飾品、絵画や彫刻などの芸術作品のようなものが今から約5万年前の時期に一気に現れることを指したものだ（わかりやすいイメージとしては、ラスコーの洞窟壁画など）。言い換えればこの時に、単なる自然の模写や実用的な利用に尽きない、人間の「こころ」という固有の領域が生まれたと言える。

一方、人間の歴史を大きく俯瞰した時、もう一つ浮かび上がる精神的・文化的な面での大きな革新の時期がある。それはヤスパースが「枢軸時代」、科学史家の伊東俊太郎が「精神革命」と呼んだ、紀元前5世紀前後の時代である（ヤスパース［1964］、伊東［1985］）。

この時期ある意味で奇妙なことに、現在に続く「普遍的な原理」を志向するような思想が地球上の各地で〝同時多発的〟に生まれた。すなわちインドでの仏教、中国での儒教や老荘思想、ギリシャ哲学、中東での（キリスト教やイスラム教の源流となる）旧約思想であり、それらは共通して、特定の部族を超えた「人間」という観念を初めてもつと同時に、物質的な欲望を超えた、新たな価値ないし倫理を説いた点に特徴をもつものだった。

いま「奇妙なことに」これらが〝同時多発的〟に生じたと述べたが、その背景ないし原因は何だったのだろうか。

興味深いことに、最近の環境史（environmental history）と呼ばれる分野において、この時代、以上の各地域において、農耕による開発と人口の急速な増加が進んだ結果として、森林の枯渇

図表2-3　農耕の開始と世界人口の増加

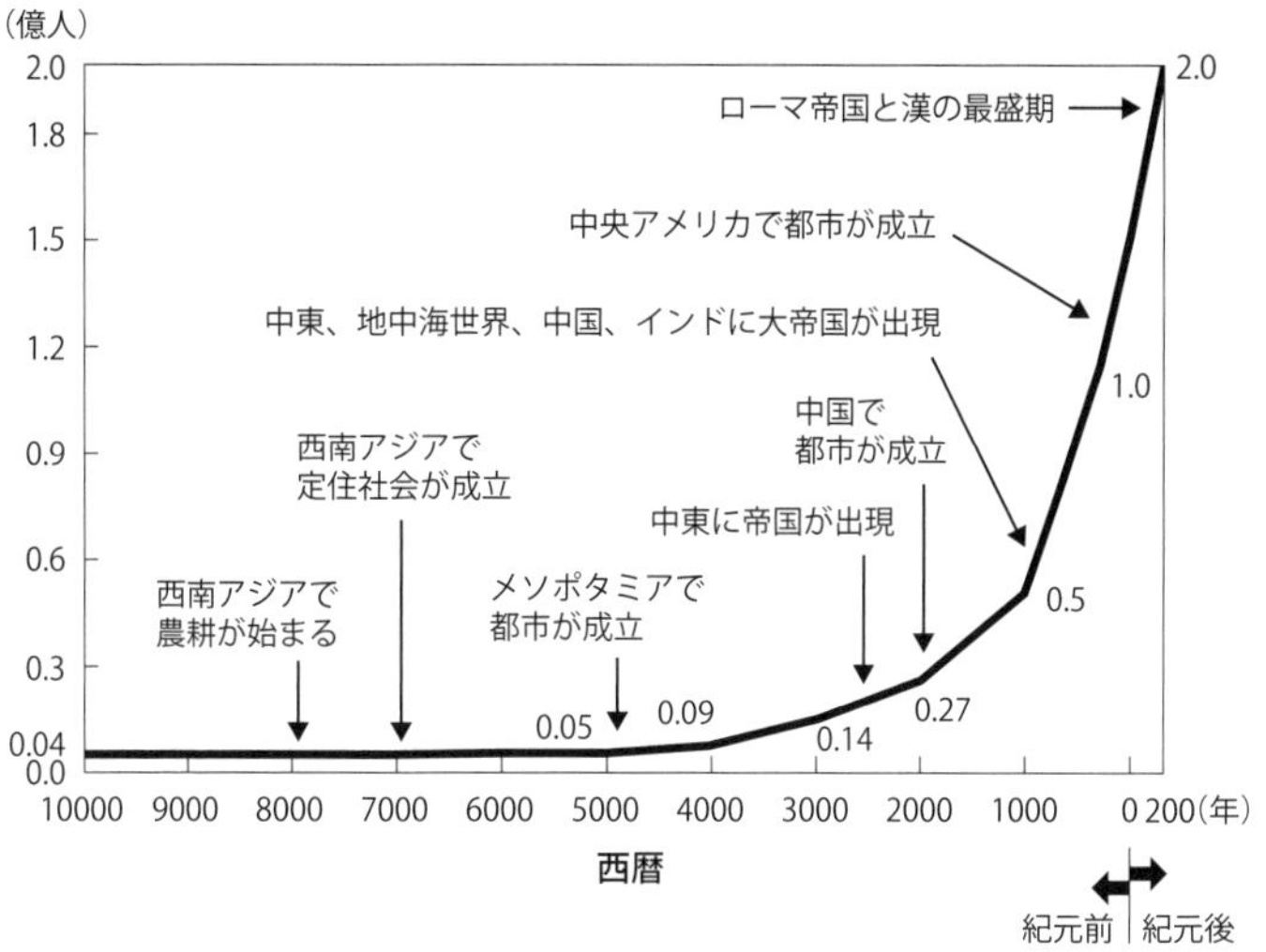

（出所）ポンティング［1994］『緑の世界史（上）』p.149。

や土壌の浸食等が深刻な形で進み、農耕文明がある種の資源・環境制約に直面しつつあったということが明らかにされてきている（石他［2001］、ポンティング［1994］）。

図表2-3は農耕の開始と世界人口の増加を示したものだが、農耕つまり食糧生産の開始に伴って、急速に人口が増加し、かつ資源消費が増大したことを示唆している（さらにその結果、有限な資源をめぐっての紛争が増加していった）。こうした状況において、枢軸時代／精神革命における諸思想は生まれたのである。

このように考えると、なおこれは私の仮説だが、枢軸時代／精神革命に生成した普遍思想（普遍宗教）は、そうした資源・環境的制約の中で、いわば**「物質的生産の量的拡大から精神的・文化的発展へ」という新たな発展の方向を導く**ような思想として生じたのではないだろうか。

つまり、いわば外に向かってひたすら拡大していくような「物質的生産の量的拡大」という方向が環境・資源制約にぶつかって立ち行かなくなり、また資源をめぐる争いも深刻化する中で、そうした方向とは異なる、すなわち資源の浪費や自然の搾取を極力伴わないような、精神的・文化的な発展への移行や価値の創発がこの時代に生じたのではないか。

読者の方はすでに気づかれたかと思うが、これは現在ときわめてよく似た時代状況である。つまり、ここ200～300年の間に加速化した産業化ないし工業化の大きな波が飽和し、また資源・環境制約に直面する中で、私たちは再び新たな「拡大・成長から成熟・定常化へ」の時代を迎えようとしているからだ。

同時にそれは、本書のテーマである「有限性」という話題とも重なる。すなわち、枢軸時代／精神革命においては、**環境や資源の「有限性」に直面する中で、人間はそれまでになかった思想や観念、価値を生み出し、新たな発展と創造性そして「生存」の道への転換を行った。**このような把握が可能なのではないか。

一方、先ほどふれた「心のビッグバン」についても、それが同様のメカニズムで、狩猟採集

図表2-4　人類史における拡大・成長と定常化のサイクル

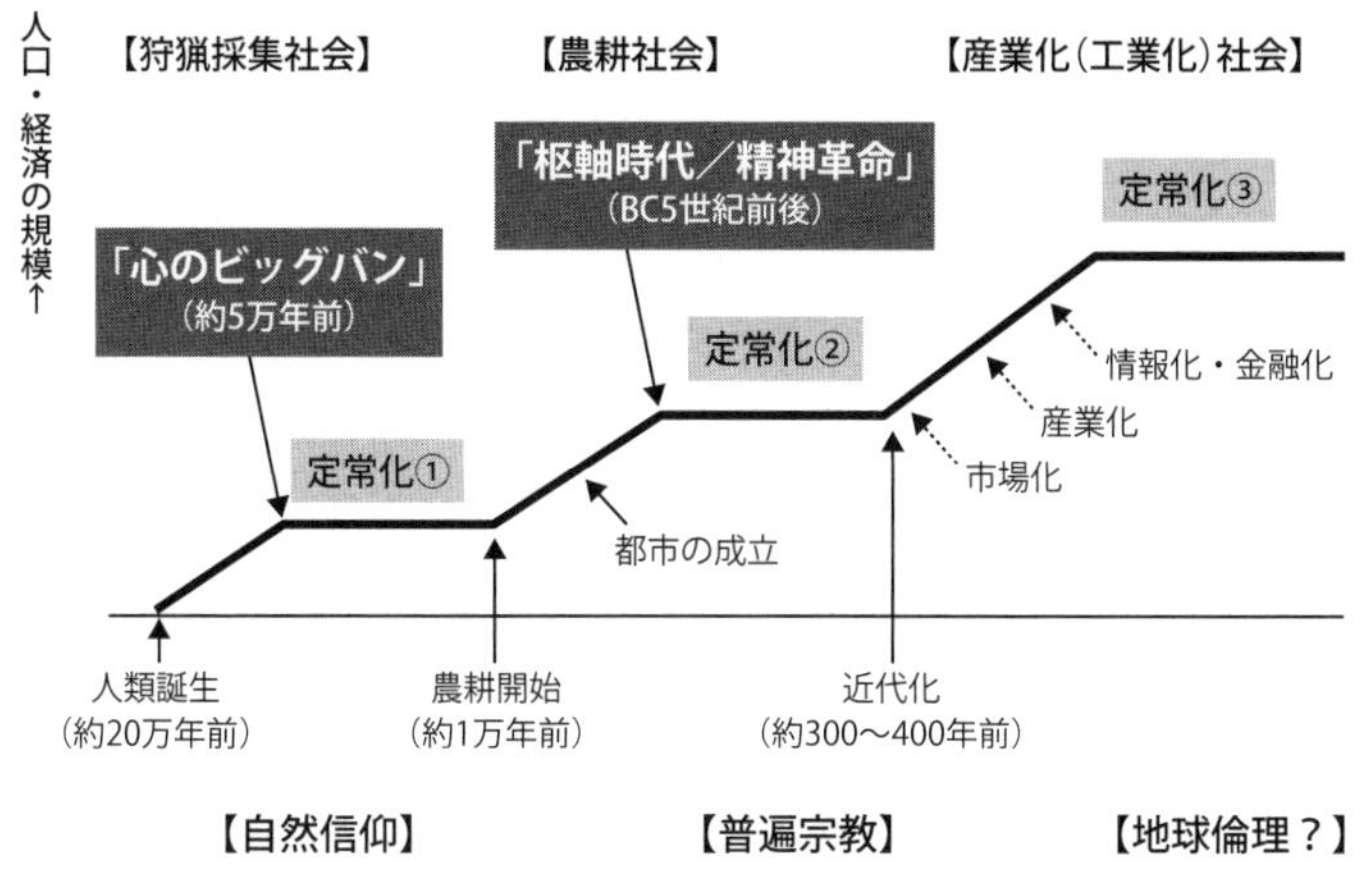

文明の拡大・成長から定常化への移行の時期に生じたと考えてみるのは不合理なことではないだろう。

つまり狩猟採集段階の前半において、狩猟採集という生産活動とその拡大に伴ってもっぱら〝外〟に向かっていた意識が、有限な環境の中で資源的制約にぶつかる中で、いわば〝内〟へと反転し、そこに物質的な有用性を超えた装飾やアートへの志向、それらを含む「心」の生成、自然信仰が生まれたのではないか（この話題は本書の中で後ほどさらに掘り下げたい）。

以上の議論をまとめると、狩猟採集段階における成熟・定常化への移行期に「心のビッグバン」が生じ、農耕社会における同様の時期に枢軸時代／精神革命の諸思想（普遍思想ないし普遍宗教）が生成し、両者はいずれも「物質的生産の量的拡大から精神的・文化的発展へ」という内容において共通していたと考えられるのではないか（以上の詳細は広井［2011］参照）。

そして、現在が人類史における第三の定常化の時代だとすれば、狩猟採集段階における「心のビッグバン」や、農耕段階における「枢軸時代／精神革命」に匹敵するような、根本的に新しい思想や価値原理が生成する時代の入り口を私たちは迎えようとしているのではないか。

こうしたもっともマクロな人類史への視点をまとめたのが図表2-4である。

ではそうした新たな思想とは何か。結論を先に述べれば、それは「地球倫理」と呼べるような思想ないし世界観ではないかと私は考えており、これまでの拙著の中でもある程度論じてきた（広井［2009b］、同［2015］等）。このようにして浮かび上がってくる「地球倫理」の内容について、さらに探っていこう。

3　地球倫理の可能性

宇宙的神話から枢軸時代／精神革命へ

「地球倫理」について考えていくにあたり、手がかりとなるのは、紀元前5世紀頃の「枢軸時代／精神革命」をめぐる動きである。

なぜなら、先ほども述べたように、約1万年前に始まった農耕文明が、その発展に伴って人口や経済の規模が大きくなり、資源・環境制約にぶつかる中で生じたと考えられるのが紀元前5世紀頃の「枢軸時代／精神革命」であり、それは工業文明が資源・環境的制約にぶつかっている現在の状況とよく似ているからだ。

そこでは、先ほど概観したように、地球上のいくつかの場所で〝同時多発的〟に、現在につながるような普遍的な思想（ないし普遍宗教）が生まれた。

そして、

・ギリシャにおける「徳」ないし（ソクラテスの言う）「たましいの配慮（care of the soul)」
・仏教における「慈悲」
・儒教における（「礼」の根底にある内的倫理としての）「仁」
・キリスト教における「愛」

のように、それらの諸思想は、内容や表現は異なるものの、それまで存在しなかった、人間にとっての何らかの精神的あるいは内面的な価値や倫理を新たに提起した（精神革命とその比較については伊東俊太郎の先駆的研究（伊東［2008］、同［2015］を参照されたい））。

この場合、こうした新たな思想は、それまでに何もなかった空白地帯に突然のように生まれたわけではない。

やや立ち入った内容になるので簡潔な記述にとどめるが、枢軸時代／精神革命に至る歴史的構造をここでの関心から大きくとらえ返すと、次のような把握が可能と思われる。

すなわち、それ以前の農耕文明社会においては、まず**「宇宙的神話」**と呼べるような段階があり、それがより合理化・抽象化されて**「哲学的宇宙論」**と呼べるような段階へと進化し、そしてそれがさらに**「個の内的倫理」**へと展開したところに、上記のような枢軸時代／精神革命の諸思想が生まれたのである。

インドを例にして考えてみよう。インドの場合、紀元前1500年前後の時代に「リグ・ヴェーダ」（写真2－3）と呼ばれる、多神教的な神々の讃歌としての叙事詩が書かれているが、その中の（おそらく最終的に到達した）部分に、「宇宙開闢の歌」と呼ばれる、世界の創造に関する印象的な文章がある。

その時、無もなく、有もなかった。……その時、死もなく、不死もなかった。夜と昼との標識もなかった。……空虚におおわれて顕れつつあったかの唯一者は、熱の力によって出生した。……詩人たちは熱慮して、有の縁者（起源）を無に見出した。

誰が正しく知る者であるか。……この創造は何処から生じ、何処から来たのか。神々の創造はこの創造より後である。さすれば、創造が何処から起こったか知る者は誰か？（上村［2003］）。

このように、宇宙の始まりにおいては「有」も「無」も存在せず、またこうした世界の創造がなぜ生まれたかは、（神々の創造はそれより後なので）誰にもわからないといった、現在においてもなお人類はこれ以上の認識に到達できていないと思えるような、根底的な思考が展開されている。

写真2-3 『リグ・ヴェーダ讃歌』

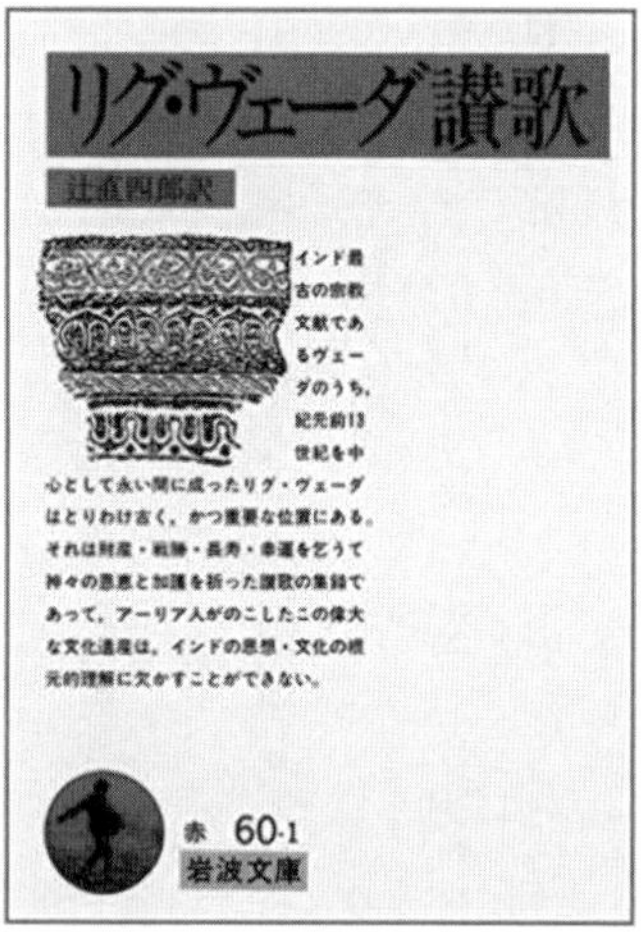

そしてこうした宇宙的神話の先に、より抽象化された哲学的思考が展開し、いわゆる「ウパニシャッド」の書物群において「ブラーマン（宇宙の根源）とアートマン（自我の根源）の一致」や「輪廻の業からの解脱」といった思考が生まれた。つまりここで、先の「リグ・ヴェーダ」のような宇宙的なレベルの議論が〝個人〟のレベルにつながっていくことになり、そしてさらにその先に、ブッダの説く、「慈悲」に収斂するような「個の内的倫理」（としての仏教）が生成したのである。

ギリシャにおいても構造は同様であって、ギリシャ神話に見られる〝神々の世界〟から、紀元前6世紀頃にいわゆるイオニアの自然哲学が生成し、〝万物の根源〟の探求を含め、自然についての合理的あるいは抽象的な思考

図表2-5　宇宙的神話から枢軸時代／精神革命へ

	宇宙的神話 （ローラシア型神話）	哲学的宇宙論	枢軸時代／精神革命 （個の内的倫理〜有限性）
インド	リグ・ヴェーダ	ウパニシャッド （アートマン=ブラーマン〜輪廻の業からの解脱）	ブッダ「慈悲」
中東	メソポタミア神話 （エヌマ・エリシュ、ギルガメシュ叙事詩等） ゾロアスター教 （アヴェスター）	旧約思想	イエス「愛」
中国	中国神話	「天」（周時代）→（地上化）→「道」	孔子「仁」 （「礼」の根底）
ギリシャ	ギリシャ神話	イオニアの自然哲学（タレス等）、生成vs存在（パルメニデス）、原子論等	ソクラテス 「徳（アレテー）」 （“たましいの配慮”）

（注）「ローラシア型神話」とは、ハーバード大学の神話研究者であるマイケル・ヴィツェルが彼の唱える「世界神話学」の中で使った用語で、自然と人間が一体的で体系性のうすい「ゴンドワナ型神話」に対し、世界の創造や時間的秩序の明確な神話群を（その分布地域に着目して）呼んだものを指す（後述）。

が展開する。そしてさらにその先に、先ほどふれたソクラテスによる革新に見られるような、「個の内的倫理」に関する思考が生まれた。

以上はインドやギリシャでの展開だが、これと同様の構造の進化が、中東（→キリスト教）、中国（→儒教）においても共通して起こっているというのがここでの把握であり、その概要をまとめたのが図表2-5である（このうち神話については、近年台頭している「世界神話学」という試みにそくして後ほどあらためて立ち返りたい）。

「共同体の倫理」を〝超える〟思想

この場合、これらの進化は〝真空〟の中で生まれたのではなく、次のような意味で、やはりその時代の経済社会の構造変化と深く関わっていたと考えられるだろう。

すなわち、これらはいずれも（約1万年前に始まった）農耕をベースとする社会における展開であり、農耕社会においては、それまでの狩猟採集社会に比べて、農作業という集団的な共同作業が中心となり、また（自然のサイクルという）時間的な秩序の中で生活が営まれていった。そこでは神話を含め、共同体の中で人々が共有するような世界観（コスモロジー）が形成されると同時に、そこでの〝倫理〟は基本的に**「共同体の倫理」**であり、「個」はその中に埋め込まれているような存在だったと言える。

しかしそうした農耕社会ないし農耕文明が、先述のように人口増加や経済の拡大に伴って資源的・環境的制約にぶつかるようになり、しかもその結果、異なる共同体あるいは集団の間で（資源や領土をめぐる）争いや戦争が多発するようになっていったのが当時の状況だった。そこにおいて、以上のような「共同体の倫理」を乗り越え、それまでに存在しなかった「個の内的倫理」を提起する形で生まれたのが、枢軸時代／精神革命における諸思想であったと考えられるのである。

ここで「個の内的倫理」というのは、次のような趣旨である。たとえばソクラテスの思想の核にある「たましいの配慮（care of the soul）」とは、当時のアテネで見られたような、〝処世〟的な言明やソフィスト的な議論にとどまらない、つまり共同体内部に完結する「世渡り」的な倫理を超えた、個が自ら自身の内面に向かい合うような精神のありよう（＝「たましいの配慮」）を説いたものだった。

同様のことが中国における孔子にも言えるのであり、（しばしば誤解されるように）孔子が第一義としたのは「礼」――上記のギリシャの場合における「世渡り」的な処世術に通ずるもの――ではなく、むしろその根底にある内的な倫理としての「仁」だった。

ブッダにおける（「空」を土台とする）「慈悲」も同じ構造であり、また（時代は若干下るが、旧約思想の生成の後に展開した）イエスの説いた「愛」もまた、たとえば〝善きサマリア人〟のたとえ――あるユダヤ人が旅の途中に強盗に襲われ身ぐるみはがされて途方に暮れていた時、そこを通りかかった「同胞」であるはずのユダヤ人祭司は見て見ぬふりをして過ぎ去り、逆に「異邦人」たるサマリア人が様々なケアをしてくれたという話――に象徴されるように、それは**「特定の共同体や集団を〝超えた〟倫理」**のあり方を説いたのである。

このように、枢軸時代／精神革命において生成した思想群は、「たましいの配慮」「仁」「慈悲」「愛」といった新たな観念――現在の私たちにとっては自明であるが、人類の歴史においてはそれまで存在しなかった観念——を創造するとともに、そのことを通じて、「共同体の倫理」を超えた倫理や理解のあり方を初めて提起した。人類史における〝自我のめざめ〟とも言える。

一方、以上に対し、私たちが生きている近代社会ないし産業化社会はどうかというと、それは当初から「個人」とその自由ということが中心的な原理となり、それが経済規模の拡大と一体となって展開してきた社会だった。だとすれば、私たちがいま迎えつつあるその後半期の思想は、何らかの意味で**〝個人を超える〟**というベクトルを含む内容のものであるはずであり、それがここでのテーマである「地球倫理」とつながることになる。

地球倫理という思想

以上を踏まえた上で、私たちがいま迎えようとしている、ここ200～300年続いてきた産業文明が「拡大・成長」から「成熟・定常化」に移行する時代において、新たに生成してくる「地球倫理」とはどのような思想でありうるのか。

ここでまず、私たちが現在使っているような意味での「地球」という観念は、仏教や儒教、ギリシャ哲学や旧約思想が生まれた枢軸時代／精神革命においては存在しなかったということを確認していきたい。そこで重要な意味をもったのは、先ほども宇宙的神話や哲学的宇宙論についてて言及したように、むしろ「宇宙」であり、ただしそれもまた、現在の私たちが念頭に置くような宇宙と言うよりは「〝森羅万象〟全体を含む世界」「意味的秩序としての〝コスモス〟」といった趣旨のものだった。

つまり、(アメリカの建築家・思想家バックミンスター・フラーが唱えた)〝宇宙船地球号(spaceship earth)〟といった発想や、〝有限な環境の惑星〟としての「地球」という視点は、仏教や旧約思想などが生まれた枢軸時代にはなく、それは現代において固有の、新しい概念と言える。

したがって、人類史における「第三の定常化」の時代としての現在における、独自の思想や観念ということを考える場合、どうしても「地球」というコンセプトを避けることはできない。そして、そこで浮かび上がってくる「地球倫理」と呼びうる思想を考えた場合、そのエッセンスをごく簡潔に記すならば、それは以下のような内容のものとなるだろう。

すなわち、地球倫理とは、

①地球資源・環境の「有限性」を認識し、
②地球上の各地域における風土の相違に由来する文化や宗教の「多様性」を理解しつつ、
③それらの根底にある自然信仰を積極的にとらえていく

ような考えをいう。

このうち①は基本的な出発点になるもので、すでに本章において様々に論じてきたように、私たちの経済活動が、〝無限の空間〟の中での拡大・成長を目指すという性格のものではなく、資源・環境の有限性の中においてなされる営みであることを認識するものだ。

1点だけ補足すれば、これは「持続可能性（サステイナビリティ）」というコンセプトとも不可分である。つまり資源や環境が〝無限〟に存在するのなら、わざわざ持続可能性ということをもち出す必要はなく、ひたすら拡大・成長を追求すればよいのであって、資源・環境の有限性ということがあるからこそ、そうした制約と両立させながら人間の生存や経済活動をいかに「持続可能」にしていくかという点がテーマとして浮上するわけである。

風土の多様性と文化――「神のかたち」を決めるものは何か

地球倫理の柱として示したうちの①について述べたが、残る2点についてはどうか。

②として挙げた「地球上の各地域における風土の相違に由来する文化や宗教の『多様性』を理解」という点は、次のような趣旨である。先ほど、紀元前5世紀頃の枢軸時代／精神革命の時代に生まれた（仏教や儒教、ギリシャ哲学や旧約思想といった）普遍思想ないし普遍宗教について述べたが、これらの諸思想は、その内容は互いに大きく異なるものでありつつ、自らの思想が〝普遍的（ユニバーサル）〟なものとして自認し、人類すべてにあてはまるものと主張してい

た。

しかし実際には、そうした普遍思想のそれぞれがもつ世界観や自然観は、それが生まれた風土の影響を色濃く反映したものであった。この点を、少し視野を広げて、「風土と宗教」という観点から考えてみよう。

思えば、地球上には実に様々な宗教あるいは信仰の形が存在する。同じ人間でありながら、まったく異なる〝神様〟を信じているわけである。では、そうした**宗教の多様性はそもそもなぜ生まれるのだろうか**。言い換えれば、「神のかたち」を決めるものは何なのだろうか。これがわかれば、異なる神様を信じる者どうしが互いに争うという、現在の世界で多く生じている対立も多少は緩和されるであろう。

議論を急ぐことになるが、それは究極的には「風土」であると考えられるのではないか。

やや単純化した例を挙げると、たとえば砂漠のような環境に住んでいる民族の場合、「自然」とは荒涼たる脅威であって、〝自然と一体になる〟とは実質的に死を意味することになる。したがって人間と自然との間に明確な一線を引いた上で、人間がいかに自然を支配しコントロールできるかということが基本的な関心となり、そうした自然の上に立つ人間のさらに上位に（超越的な）神が存在する、という世界観が形成されやすいだろう。

一方、豊かに生命を宿す森林のような環境に暮らす場合、森の中で静かに瞑想するような場

図表2-6　風土と宗教：人間─生命─宇宙─神をめぐる構造

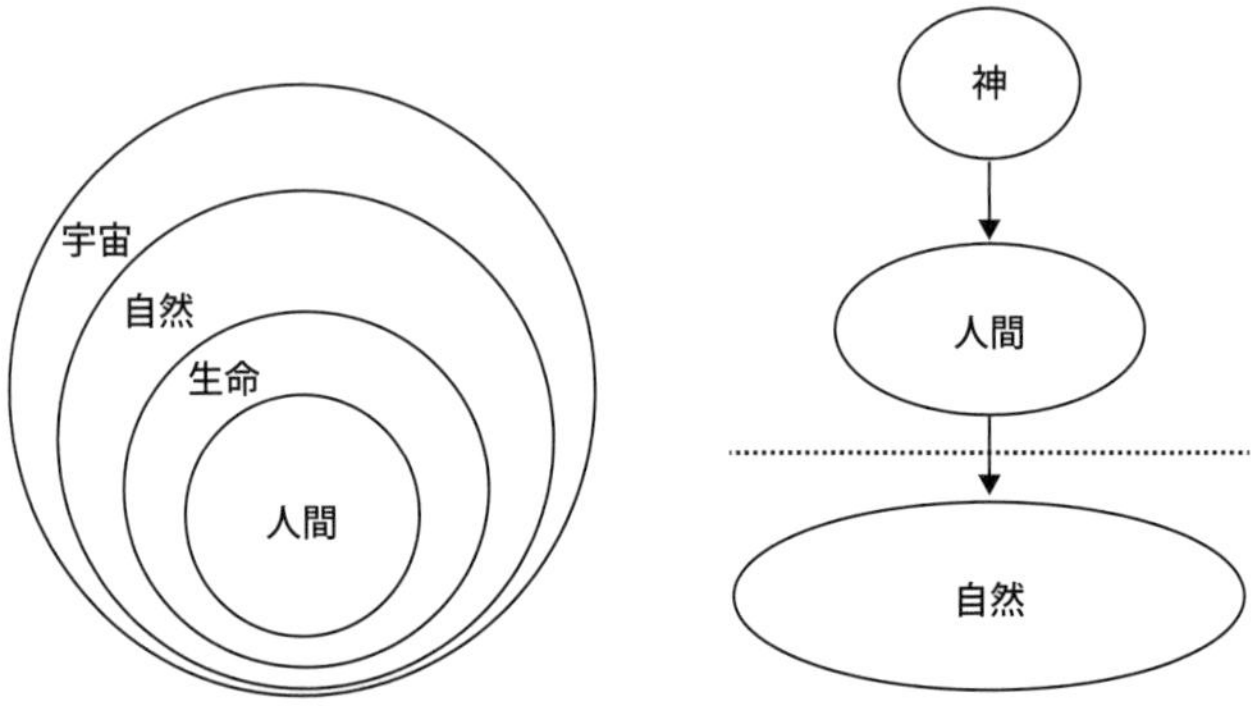

面を想像すればわかるように、自然とはみずみずしい「生命」であり、人間はそれにいわば包み込まれているような存在であって、生命や自然ひいては宇宙と〝一体化〟していくことが精神の究極の安寧をもたらす、といった発想が自ずと浮上してくるだろう（以上につき図表2-6を参照されたい）。

実はこうした対比は、興味深いことに現実の世界史においても生じているように見える。一例を挙げてみよう。

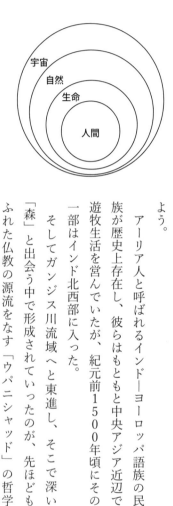

アーリア人と呼ばれるインド─ヨーロッパ語族の民族が歴史上存在し、彼らはもともと中央アジア近辺で遊牧生活を営んでいたが、紀元前1500年頃にその一部はインド北西部に入った。

そしてガンジス川流域へと東進し、そこで深い「森」と出会う中で形成されていったのが、先ほどもふれた仏教の源流をなす「ウパニシャッド」の哲学

――その中心は自己と宇宙の一体化という思想――だった。誤解をおそれず記せば、仏教は〝森の宗教〟という側面をもっている（前章でふれた、近年関心の高い「マインドフルネス」も起源は森の瞑想に行き着く）。

一方、いま述べたアーリア人のうち他の一派は、イラン高原へと向かい――意外に知られていない点だが、実は「イラン」とは「アーリア人の国」という意味である――、そこで生成したのがいわゆるゾロアスター教の信仰だった（ゾロアスターをドイツ語読みすると「ツァラトゥストラ」となる）。

興味深いことに、ゾロアスター教は善悪二元論や最後の審判、復活といった内容を含み、それはユダヤ教にも影響を与えたとされている（さらにキリスト教やイスラム教へ。なおこの構造については図表2-5を再び参照されたい）。

このように、**同じアーリア人の信仰が、「森」のインドと、イランのような乾燥した高原地帯において、全く異なる形の信仰へと進化していった**のである。宗教あるいはその土台をなす自然観や人間観が風土によって大きな影響を受けるというのは、こうした趣旨においてである。

話を枢軸時代／精神革命に戻そう。先ほど、枢軸時代／精神革命において生成した諸思想は自らの〝普遍性〟、言い換えればその思想が特定の共同体を超えた、人類に普遍的なものであると認識し、それを主張していったことを述べた。しかしよりメタレベルから見るならば、いま論じたように、それら諸思想はそれぞれが生まれた地域の風土に大きく規定されたものであり、こうした意味で、それらの〝普遍性〟は実は限定的なものだったのである。

地球上の地域間の交流や移動が現在と比べれば圧倒的に少なかった中世においては、それぞれの風土に根差して生まれた各々の普遍思想ないし普遍宗教は、いわばリージョナルな形で〝住み分け〟、互いに共存することができた。しかしグローバル化が進んだ現在においては、（キリスト教文化圏とイスラム教文化圏の対立に象徴されるように）皮肉なことに、自らの〝普遍性〟や絶対性を信じてやまない普遍思想ないし普遍宗教同士が、自らの普遍性への確信が強ければ強いだけ、互いに衝突し、紛争の元凶になっている。

地球倫理の特質として挙げた②は、まさにこうした点に関わるものであり、地球上に存在する様々な宗教や文化の「多様性」に積極的に目を向けつつ、先ほど論じたように、そうした多様性がそもそもなぜ生じるかを、その背景となっている風土ないし環境の多様性にまで遡って把握し、異なる文化間の相互理解の道を開くものである。

それは宗教を含め、**人間の思想や観念が「環境」に依存している**ことを認識するという点で、〝「エコロジカル」な人間理解〟と言えるものだ。ちなみに「エコロジー」という語は、19世紀ドイツの生物学者ヘッケルの造語であり、彼はその定義を「有機体とその環境の間の**諸関係の科学**」とした（1866年の『一般形態学』という著作。強調引用者）。「実体」が中心概念をなす近代科学において、「関係の科学」という発想は異端と呼ぶべきものであるが、それは現代そしてこれからの時代の科学のありようを先取りした自然観・人間観を含んでいる（ヘッケルの思想の全体像については佐藤［2015］）。

「多様性」に話を戻すと、私は「ローカル・グローバル・ユニバーサル」という言い方をしてきたのだが（広井［2013］、同［2019］）、ここで述べている「地球倫理」の「地球（グローバル）」とは、地球上のすべての地域を均質化していくような〝マクドナルド化〟という意味でのグローバルではない。そうではなく、むしろ地球上のローカルな地域の個別性や多様性に積極的に目を向け、生物学的な種としては同一である人間の社会において、環境や風土、生産構造等の多様性から文化や宗教の多様性が生成する、その全体的な構造を理解するという視点が重要なのである。

そうした意味において、「グローバル」とは、「ローカル（＝個別的・地域的）」と「ユニバーサル（＝普遍的・宇宙的）」の対立を架橋し、総合化するという概念として再定義される必要があるだろう。

「世界神話学」の知見

「風土と宗教」という視点から、地球上の様々な地域の環境の多様性が、人間と自然の関係性を含め、世界観や文化、宗教の多様性を生むというテーマについて述べたが、この点と、近年大きく浮上している「世界神話学」と呼ばれる試みとの関連についてさらに考えてみよう。

現在につらなる神話研究の一つの起源として、「比較神話学」と呼ばれる領域が19世紀のヨーロッパにおいて生成した。その端緒をなしたのは、ヨーロッパのアジアその他への「世界進出」が進む中で、インドにおける古語たるサンスクリットが、ギリシャ語やラテン語の文法や構造と「偶然つくりだされたとは思えないほど顕著な類似をもっている」（イギリス人ウィリアム・ジョーンズのカルカッタ［コルカタ］での1786年の講演）ことの発見だった（松村［2019］）。こうした流れが「インド－ヨーロッパ語族」という概念や比較言語学と呼ばれる学問分野の生成につながり、やがて比較神話学というアプローチや人類学的研究を含め、20世紀以降の多様な神話研究へと展開していったのである（松村前掲書、大林［2019］）。

そして、近年に至って神話研究は新たに大きな展開を見せつつあり、その象徴的な例として、ハーバード大学の研究者マイケル・ヴィッツェルによる「世界神話学」の試みがある。

ヴィッツェルはもともとサンスクリットや「ヴェーダ」に関する文献学的研究から出発したが、日本にも何度か滞在したことがあり、日本を含む地球上の様々な地域における神話の類似性に魅せられる中で、比較神話学的な研究に視野を広げていった。

加えて、彼のアプローチにおいて特徴的な点なのだが、ヴィッツェルは人類学や遺伝学などの

写真2-4　マイケル・ヴィツェル『世界神話の起源』(2012年)

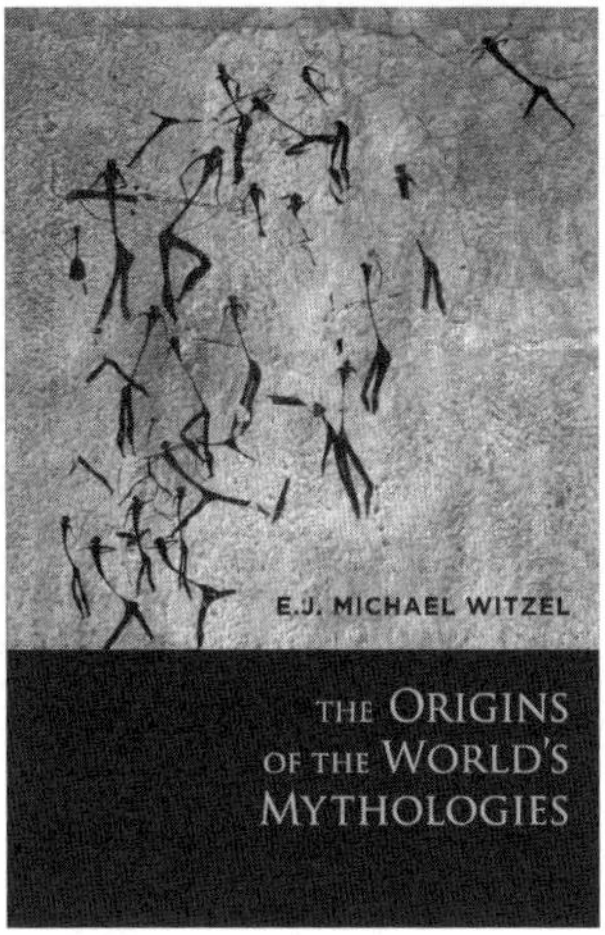

分野で発展してきた、ＤＮＡレベルの探求を踏まえた人類の移動や血縁関係等に関する知見を積極的に取り込む形で、いわば〝文理融合〟的な神話研究のパラダイムを築こうとしたのである。

その全体像を示した著作が２０１２年に刊行された７００ページ近い大著『世界神話の起源（The Origins of the World's Mythologies）』であるが、興味深いことに、その冒頭にはヴィツェルが紀伊半島の新宮の神倉神社で「御燈祭《おとうまつり》」と呼ばれる火祭りに参加した時の印象的な経験が記されている（地球上の各地での火祭りとのつながりを含めて、写真２−４）。

ちなみに火祭りが行われる神倉神社の「御神体」は〝ゴトビキ岩〟と呼ばれる巨岩であり、ここは（後でもふれる）「鎮守の森」に一

写真2-5　神倉神社（和歌山県新宮市）の“ゴトビキ岩”

定の関心のある人には比較的よく知られた場所で、私も2016年の夏に訪れたことがある地である（写真2-5）。

ヴィツェルがこの大著の冒頭の記述を神倉神社の火祭りで始めているのは、私にとっては新鮮な驚きだった。なお私自身がヴィツェルの仕事を知ったのは、日本神話との関連に関する独自の考察とともにその概要をまとめた人類学者・後藤明氏の『世界神話学入門』を通じてだった（後藤［2017］）。

それではヴィツェルの議論の中身はどのようなものか。その骨子は、先ほど言及したような近年の人類学や遺伝学の成果を積極的に活用し、人類の初期移動や遺伝子レベル（ミトコンドリアDNA、Y染色体）の多様性の地理的分布に関する知見と、これまでの神話研究や言語学上の知見を総合化させながら、世界における神話を「ゴンドワナ型神話」と「ローラシア型神話」の2類型に区分し、その内容や成立の背景を多面的な角度から論じている点にある。

ここで「ゴンドワナ型神話」と「ローラシア型神話」という言葉は、大陸移動説を唱えたドイツの気象学者ヴェーゲナーの用語に由来する一種の比喩的表現だが（後者は「ユーラシア」とアメリカ大陸を表す「ローレンシア」を組み合わせた語）、人類の歴史の中での各々の成立の背景は概ね次のようなものだ。

すなわち「ゴンドワナ型神話」とは、アフリカで誕生した現生人類（ホモ・サピエンス）がもっていた神話群で、初期の移動、すなわち「出アフリカ」によって南インドそしてオーストラリアへ渡った集団が保有する古層の神話群である。具体的にはサハラ砂漠以南のアフリカ中南部の神話、インドのアーリア系以前の神話、東南アジアのネグリト系の神話、パプアやアボリジニの神話群がある。

一方、「ローラシア型神話」とは、すでに地球上の大部分の地域に人類が移住した後に、西アジア（メソポタミア圏）を中核として生み出された神話群で、様々な集団の移動によって各地に伝播したものであり、具体的にはインド―ヨーロッパ語族、オーストロネシア語族、スキタイ系の騎馬民族の移動等によって伝播した神話群などが該当する（以上につき後藤前掲書）。

人類の時空的な移動の中で「神話」をとらえる

そして、それぞれの内容の特徴を含めて、両者をごく簡潔に対比したのが図表2-7である。一見わかりづらいかもしれないが、趣旨はある意味でシンプルであり、大きく言えば「ゴンドワナ型神話」では、人間と自然（動物を含む）の距離が近く、また神話の個々のエピソードはある意味で断片的で各々が独立している。またそこでは〝時間的な物語性〟ないし「ストーリーライン」は弱く、いわば「非時間的」あるいは「現在」中心と言える。

これに対して「ローラシア型神話」では、ヴィツェルがそれを〝人類にとっての最初の小説(novel)〟と呼んでいるように、「ストーリーライン」が明瞭で、いわゆる創造神話や神々の系譜を含めて〝時間的な物語性〟がはっきりしており、また人間と自然の関係、そして人間社会内部の関係を含めて、垂直的な上下関係あるいはヒエラルヒーが強いものになっている。

以上がヴィツェルの言う二つの神話グループの概要だが、それでは、これらは本章において述べてきた「人類史における拡大・成長と定常化」という把握とはどのように関係しているのだろうか。

おそらくヴィツェルの言う「ゴンドワナ型神話」は、狩猟採集社会の後期、つまり農耕開始以前の、人々が「現在」中心の生を営みつつ、先述の「心のビッグバン」が生じ、世界につい

図表2-7　2つの神話グループ（ヴィツェルによる）

	ゴンドワナ型神話群 ～人間・自然一体型神話	ローラシア型神話群 ～物語型神話
主たる地域	アフリカ中南部、インドの非アーリア地域、メラネシア、オーストラリア・アボリジニ	ヨーロッパ、北アフリカから中近東（エジプトやメソポタミア文明圏）、ペルシャや古代インド文明圏、中国文明圏、ポリネシア
伝播の様式	アフリカからの人類の初期移動	アーリア人・スキタイ系遊牧民族やアルタイ系遊牧民族の移動
ストーリー性	弱い **非時間的**	強い **時間的秩序**
自然や宇宙	当初から存在	無ないし混沌からの創造
内容の例	・トリックスターや文化英雄としての下位の神々 ・木、粘土、岩などから創り出される（あるいは地下から出現する）人類	・原父母と神々の系譜 ・世界の秩序化（天地分離や光の創造） ・現世の終わりと再生
社会構造	狩猟採集社会後期	農耕社会～都市、遊牧社会

（出所）後藤［2017］を一部改変。

てのシンボリックな把握を人間が発展させた時期と関連性が高いと考えられるのではないか。

一方、「ローラシア型神話」は、そこでの「時間的秩序」の優位や、人間と自然の間、そして人間社会内部での垂直的な上下関係ないしヒエラルヒーの存在という点を踏まえると、農耕社会の成立、そしてその進展に伴って人口や経済が拡大・成長する中で生成した「都市」の誕生という社会構造と親和性が高いと思われる（ただしこうしたそれぞれの神話群が生成した時期については、ヴィツェルはローラシア型神話については約４万年前まで、ゴンドワナ型神話に

図表2-8　人類史における拡大・成長／定常化と観念・思想の生成

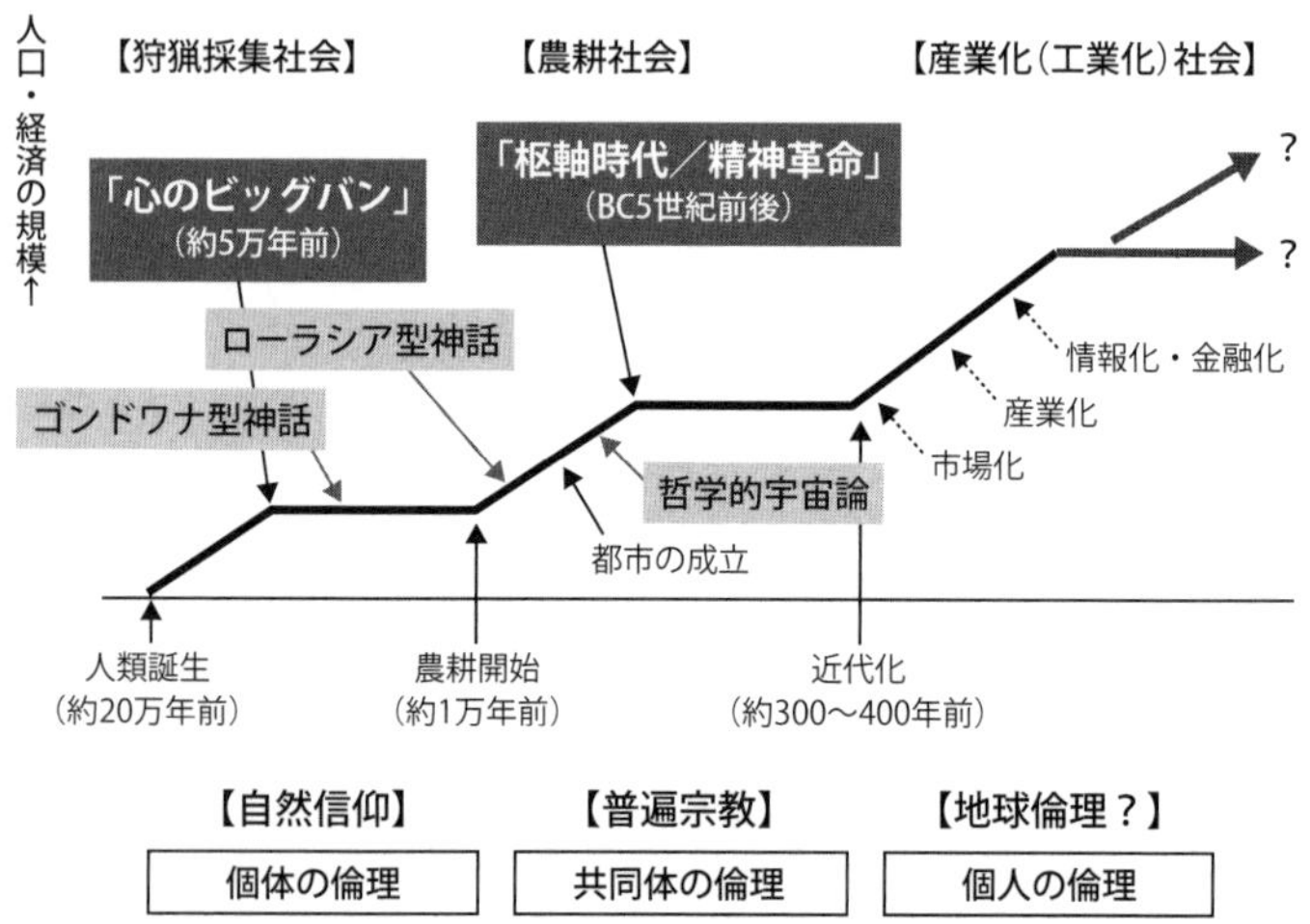

ついては約6万5千年前まで遡ることができるとしている)。

そして、ここからは世界神話学の領域からはみ出ることになるが、こうした「ローラシア型神話」の展開のさらにその先に、「神話」というカテゴリーから離陸した、(先ほど言及したインドでのウパニシャッド、ギリシャにおけるイオニアの自然哲学のような)合理化・抽象化された「哲学的宇宙論」が生成していくことになるだろう。こうした全体的な流れを、先に掲げた「人類史における拡大・成長と定常化」についての図に付加する形で示したのが図表2-8である。

以上は、私自身の解釈を含めて「世界神話学」の骨子やそれに関連する話題をいささか単純化して示したものであり、また「ゴンドワナ型神話」と「ローラシア型神話」という区分自体についても、ヴィツェルはそうした対比に尽きない要素や、あるいはその古層がありうることを述べている。

しかしいずれにしても、こうした世界神話学の試みは、神話を当初から独立して存在するような観念の体系として静的にとらえるのではなく、約20万年前にアフリカで生まれたホモ・サピエンスが、地球上の各地に移動し、それぞれの地域の環境に適応しつつ固有の自然観や世界観を作り上げていったというダイナミックな変化の中で、言い換えれば先述の「エコロジカル」な関係性において「神話」をとらえ返すという点において、きわめて現代的な意味をもっているだろう。

加えて、先ほど「風土と宗教」という話題について述べた点とも関わるが、世界神話学のようなアプローチは、私たちの意識の深部にある重層的な古層を再発見する意味をもつとともに、地球上の風土の多様性が、そこで展開する生産様式や社会構造との関連を含めて、多様で豊饒な世界観や象徴体系を生み出してきたことの理解につながるという点において、ここで論じている**「地球倫理」と共鳴する側面**をもつと言えるだろう。

興味深いことに、ヴィツェル自身が先述の著書『世界神話の起源』の最後を次のような文章で締めくくっている。

古い神話はもう飽きたと感じ、〝何か新しいもの〟が欲しいという人には、21世紀の地球社会における人間性のための、全く新しい観念に支えられた新しい神話を提起する誰かが現れることを私は確信している。その理由はごく簡単で、私たちは宇宙の空間から、私たちが生きる小さな青い惑星を顧みることしかできないからだ。

ここで私はふと、本章の初めでも言及した、気候変動あるいは地球環境問題に関して一貫した発言を続け、様々な〝炎上〟や賛否両論の議論を呼び起こしているスウェーデンの高校生グレタ・トゥーンベリさんの言動を思い浮かべる。そうした展開がヴィツェルがここで言う「新しい神話を提起する誰か」に当たりうるのかどうか、単純な即断はできない。しかしもしかりにそうした「新しい神話」、あるいはもしかしたら私たちが神話と呼んでいるものを超え出るような新たな思想や観念があるとすれば、それは何らかの意味で「地球」というコンセプトに関わるものになるだろう。

自然信仰と「鎮守の森」

以上、地球倫理の内容について、①有限性、②多様性に関わる側面について述べてきたが、

③として指摘した「それらの根底にある自然信仰を積極的にとらえていく」についてはどうか。

ここでいう「自然信仰」とは、自然の中に単なる物質的なものを超えた何か、あるいは有と無を超えた根源的な何かを見出すような理解をいう。あるいは、自然を人間と乖離した、〝死せるもの〟として把握するような機械論的理解ではなく、自然そのものが何らかの内発的な力をもっているととらえるような自然観を指している。本書の中で後ほど立ち返るが、これはノーベル化学賞を受賞した科学者イリヤ・プリゴジンの自己組織論など、現代の自然科学における新たな潮流に親和的な性格のものだ（「自然の内発性」という把握について広井［2015］参照）。

このような「自然信仰」は、遡れば（本章の中で何度か言及してきた）狩猟採集社会の後半期に起こった「心のビッグバン」において生成したものと考えられ、様々な宗教や信仰のもっとも根底にあるものと言える。

しかし一方、枢軸時代／精神革命の時代に生まれた普遍思想ないし普遍宗教においては、こうした（アニミズム的な）自然観は〝不合理〟なものとして忌避され、その結果、私たち人間と自然との間にある種の亀裂が生じたのである。しかし人間が元来もっていた自然観を、上記のように様々な信仰の根源にあるものとして再発見していくというのが「地球倫理」の③となる。

このように記すと一見わかりづらく感じるかもしれないが、それは日本の文脈では〝八百万の神様〟とか「鎮守の森」といった発想、あるいは宮崎駿監督のジブリ映画などにも示される自然観であり、日本人にとっては日常的な感覚としても理解しやすいものだろう。ちなみに、こうした視点を自然エネルギーの分散的整備などの現代的な課題と結びつけた活動として、私は「鎮守の森コミュニティ・プロジェクト」という活動をささやかながら進めており、御関心のある方は「鎮守の森コミュニティ研究所」のホームページを参照いただければ幸いである(http://c-chinju.org/)。

「鎮守の森」について付言すれば、そのポイントは、そこでの自然観ないし生命観、つまり先ほどもふれた機械論的自然観とは異なる、内発的な力をもった自然という、自然についての理解である。言い換えれば、社寺にそくして見た場合、鳥居や社殿も重要だが、その本質は「自然信仰」にあり、実際、(先ほど世界神話学の関連でふれたゴトビキ岩もそうだが)、「御神体」は山、巨木、巨岩など、自然そのものであるのがその原形的な姿である。

しかし日本において、そうした伝統的な自然観が一定保持されているからと言って、それを〝礼賛〟できるといった状況では決してない。たとえば、その夜祭が2016年にユネスコの無形文化遺産に登録された秩父神社(埼玉県秩父市)の御神体は、武甲山という山である。しかし皮肉なことに、この山は石灰岩を豊富に含んでいるため、戦後一貫して企業による石灰岩

写真2-6　武甲山（秩父神社の御神体）

採掘が行われて現在に至っており、山容が著しく変化している（現在もダイナマイトによる爆破が続けられている。写真2-6）。

いうならば「経済」のために〝神様を削っている〟、あるいは貴重な歴史文化遺産を破壊していることになる。〝公害問題〟が盛んに論じられていた1970年代頃ならまだしも、こうした状況が現在も続いているということには、自然や伝統文化の保全という点から見ても深い疑問があり、日本社会のあり方やその質が問われていると思われる。公共政策や社会システム的な視点も併せた対応が求められている。

思えば、アメリカの環境倫理学者キャリコットは、地球上の各地における自然観やそれと文化の関わりを印象深く記述した著書『地球の洞察』の中で、日本については、その「逆説」と

図表2-9　「地球倫理」をめぐる構造…「第三の定常化の時代」における価値原理として

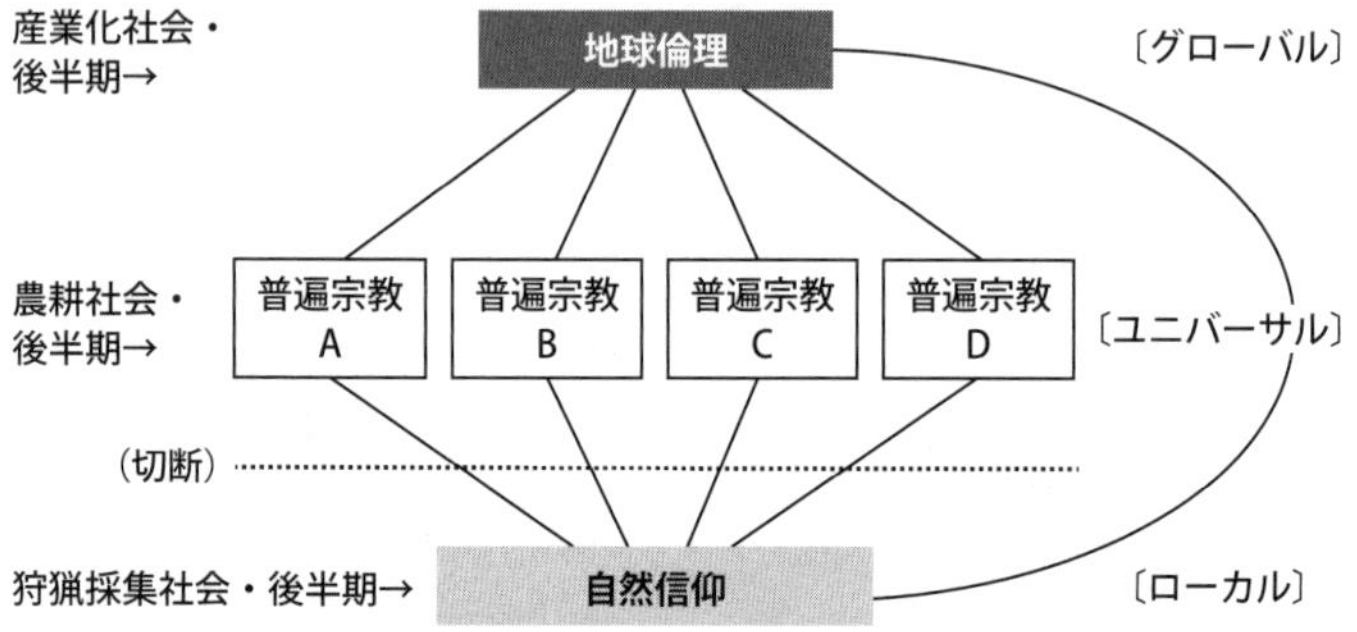

いうことを鋭く指摘していた（キャリコット［2009］）。

つまり、日本（人）ないし日本文化は〝自然との共生〟と呼びうる志向を保持しており、〝自然を支配〟するといった世界観の強い「西洋文明」に対して、もっとも環境調和的な社会を築きうる立場にいるといった見方や議論が存在する。しかし他方における厳然たる事実として、私たちが住む日本という国は、「ミナマタ」と「フクシマ」――前者は産業公害のもっとも悲惨なケース、後者は原発事故の最悪の事例の一つ――の両方を起こしてきた国でもある（「フクシマ」はキャリコットの上記著作の後に起こった事象だが）。

このように、自然信仰を含めて「自然に親和的な感覚をもっている」ということと「環境保全が重視され、きちんとした社会的対応がなされている」こととは全く異なる次元の問題である。特に日本の場合、社会システムあるいは公共的な視点からの対応が不足しがちであり、こうした点を十分に銘記していく必要があるだろう。

以上、三つの点（有限性／多様性／自然信仰）にそくして述べた「地球倫理」をめぐる構造を示したのが図表2-9である。これは本章で述べた人類史における拡大・成長と定常化の3度のサイクル、そして狩猟採集段階における定常化への移行期に「心のビッグバン」、農耕段階における定常化への移行期に「枢軸時代／精神革命」の諸思想が生じたという議論と連動するものであり、図表2-4とも呼応している。

〝「個人」を超える〟ということの意味

さてここで、枢軸時代／精神革命における諸思想は、それまでの農耕社会における「共同体の倫理」を〝超える〟ような「個の内的倫理」として生成し、一方、地球倫理については、近代という時代が当初から「個人」とその自由ということを基本原理として展開してきたことに対し、そうした「個人」（の倫理）を〝超える〟という性格をもつ思想になると前節で述べたことを思い出してみよう。

端的に言えば、地球倫理とは、**「個人から出発しつつ、地球の有限性や多様性を認識し、個人を超えてその土台にあるコミュニティや自然（さらにその根底にある自然信仰ないし自然の内発性）とのつながりを回復する」**という世界観ないし思想と言ってよいだろう。先ほど述べた、地球倫理をめぐる①〜③の特質は、これを敷衍した内容だったと言える。

そして、それは一見やや抽象度の高い、理念的な性格のものに響くかもしれないが、大きな希望を込めて言えば、本来は日本における伝統的な経営理念や企業行動の〝DNA〟――シカゴ大学教授を長く務めた日本思想史研究者テツオ・ナジタが著書『相互扶助の経済』において論じたもの（ナジタ［2015］）――と親和的な面を多くもち、また先述のように、その土台をなす「自然信仰」は、やはり日本において伝統的な「鎮守の森」的な自然観と共鳴するものだった。

あるいは、私にとってもっと身近な例で言うならば、近年、いわゆるソーシャル・ビジネスや社会的企業を立ち上げるような学生の志向や社会貢献意識は、実はここで述べている「地球倫理」と通底するところが大きいと思える。

たとえば、農業と再生可能エネルギーを組み合わせた「ソーラーシェアリング」という事業――田んぼや畑の上部に特殊な形の太陽光パネルを設置して食料生産と自然エネルギーの一石二鳥を図る――を進める環境系の社会的企業（千葉エコ・エネルギー）を立ち上げた卒業生の言動には、そうした志向が感じられる。また、社会的課題の解決に向けた会社をスタートアップした別の卒業生は、自分がやりたいのは「自己実現」ではなく「世界実現」であると語っていた（この話題は広井［2019］でもふれた）。

先ほどの〝「個人」を超える〟という理念につながる発想であり、文脈は異なるが、それは晩年の心理学者マズローが、（よく知られた「欲求の5段階説」の最後に位置づけていた）「自己実現」のさらにその先に「自己超越」を付け加えたという話を思い出させる（Maslow［1993］）。マズローの説については様々な批判もあり、私もかつては〝この程度の内容なら中学生でも考えるだろう〟といささか軽く見ていたのだが、それは表層的な理解であり、またマズローの議論は、近年「ポジティブ心理学」と呼ばれる領域が台頭する中で、その源流の一つとして再評価されている――もともとマズローは（行動主義的心理学とも精神分析的な流れとも異なる）「人間性心理学（ヒューマニスティック・サイコロジー）」の代表として考えられてきた――という点も付言しておきたい。

さらに言えば、最近注目を集めている『ティール組織』の議論――人間の「組織」形態の進化を人類史の中でとらえ返し、近代的な組織を超えた組織のありようを構想する議論――も、こうしたベクトルと共鳴する内容を含んでいるだろう（ラルー［2018］）。

思えば、イントロダクションでも述べたように、日本は世界の中で〝高齢化・人口減少のフロントランナー〟でもあり、従来型の「拡大・成長」モデルとは異なる新たな社会像を実現していくべきポジションにある。

だとすれば、人類史における「第三の成熟・定常化」の時代における新たな思想や経済社会のありようを率先して構想していくことが、日本において求められているのではないか。それが本書で論じている、私たちが直面している「有限性」をめぐる二つの局面、すなわち「（a）人間の『生』の有限性、（b）地球環境あるいは経済社会の有限性」のうちの、後者のテーマと呼応することになる。

そしてさらに前者のテーマについては、「無の人類史」と呼びうるよう新たな探究の中で掘り下げていきたいのだが、その作業に入る前に、次章において、本章で述べてきた人類史の時間の〝前〟に広がる、私たち人間にとっての基底をなす次元についての考察を行うことにしよう。

第3章

超長期の歴史と生命

1 超長期の歴史

人類史のさらに先へ

前章では、私たちが生きている地球環境やそこで営まれる経済活動の「有限性」という関心から出発しつつ、「人類史における拡大・成長と定常化」という枠組みを示し、〝拡大・成長から定常化への移行期においてそれまでになかったような新たな観念や価値が生成する〟という視点を踏まえながら、「地球倫理」と呼びうる思想ないし世界観の可能性について考えてみた。

こうした点を踏まえて、本書の柱の一つとなる「無の人類史」を掘り下げていく考察に進んでいきたいのだが、それを展開するために、どうしても行っておく必要のある作業がある。

それは、前章で行ったような「人類史」、つまり人間がこの世界に登場して以降の歩みよりもさらに視野を広げて、宇宙―地球―生命の全体を含む、いわば超長期の時間の流れの中で、私たち人間のいる場所をとらえ返すような試みだ。

当然のことながら、人間は時間の流れの当初からこの世界に存在したわけではなく、宇宙、地球そして生命の大きな歴史の中で、ある時期に、いわばその一コマとして登場した。また、人間は自然の一部であるから、私たち人間自身がそうした宇宙、地球、生命といった次元を私たちの内に〝含んでいる〟とも言え、したがって人類史はそれだけでは完結せず、より大きな時間の流れに自ずとつながっていくのである。

では、いま述べたような、「宇宙の誕生、地球の生成、生命の発生といった大きな歴史ないし時間軸の中で、人間のいる場所やその意味を考える」といった試みは、これまでどのような形で存在してきたのだろうか。

現在から見ればごく素朴なものだが、近代以降においてそうした問題意識を明確にもった先駆的な試みとして、ドイツの歴史学者・哲学者ヘルダー（1744－1803）の一連の著作がある（『人間性形成のための歴史哲学異説』［1774］、『人類歴史哲学考案』［1784－91］等）。

ヘルダーは、人間の歴史の各々の時代はそれぞれにかけがえのない固有の個性や価値をもつとし、人類史の「幼年時代（オリエント）」、「少年時代（エジプト）」、「青年時代（ギリシャ）」、「壮年時代（ローマ）」というとらえ方を提案する一方、人間の歴史を、より長期の「宇宙―地球―生命―人間」の生成・展開という枠組みの中でとらえようとした（伊東［1990］）。

加えて、「人間性の多様性と単一性」というテーマを主題化し、そこで地球上の諸民族の文化の多様性を生み出すものとしての「風土（Klima）」という、いわば空間軸に関するコンセプトをも提起した。これが、100年以上の年月を超えて和辻哲郎の『風土』に深い影響を及ぼしたことは言うまでもない。

話題を多少広げることになるが、興味深い内容なのでもう少し見てみよう。和辻は『風土』の中でヘルダーの風土論を時代画期的なものとして評価しているが、たとえば次のような印象的な一節がある。

　ヘルデル（引用者注：ヘルダーのこと）は、全世界を荒らし回っているヨーロッパ人に警告する。ヨーロッパ人の「幸福」の観念をもって他の国土の住民の幸福を量ってはならない。ヨーロッパ人は幸福という点において決してもっとも進歩しているもの、あるいは模範となるべきものではない。ただヨーロッパ特有の一つの類型を示しているに過ぎないのである。世界の各地方には、人道の見地からして決してヨーロッパに劣らない幸福が、それぞれの土地の姿に応じて存している。**すなわち幸福は風土的なのである**（強調引用者。和辻［1979］）。

ある意味でこれは、近年活発な「幸福研究」——経済の規模あるいはGDPといった指標のみで人間の「幸福」は測れるものではなく、それにはもっと多様な側面が含まれると考えるアプローチ――ともつながると同時に、前章で述べた「地球倫理」での「多様性」の議論にも連なるような現代的な意味をもった指摘だろう。

このようにヘルダーの歴史把握は、人類史を超えた広がりをもつと同時に、単純な「直線的発展論」とは異なる視野をもつものだった。しかし一方、やがてヨーロッパがますます〝世界の中心〟に躍り出て、工業化ないし産業化の加速とともに「世界制覇」を展開していった19世紀以降においては、ヘルダーの影響を受けたとされるヘーゲルその他を含めて、一元的かつ〝進歩史観〟的な歴史把握が支配的になっていった。

ちなみにダーウィンの『種の起源』の刊行が1859年であり、進化論の登場とともに生命の歴史の中で人間をとらえるという発想は浸透していったとも言えるが、そこでは上記のような時代状況も加わって、やはり進歩史観的な歴史像ひいては社会ダーウィニズム的な〝競争史観〟が強固となった。また、後でも立ち返るが、生命以前の宇宙の歴史については、宇宙の状態は常に一定に保たれその基本的構造は変化することはないという「定常宇宙論」が1960年代頃まではなお有力であったこともあり、ヘルダーのような、宇宙―地球―生命の歴史全体の中で人間をとらえるという試みはある意味で後退していったとも言えるだろう。

超長期の歴史あるいは「ビッグ・ヒストリー」への関心

しかし近年に至り、そうした状況が変容し、宇宙の始まりから地球システムの生成、生命の誕生と展開を含む歴史を、一貫した視野の中でとらえ返そうという試みが大きく浮上しようとしている。

私の関心にそくして、そうした試みの先駆的な例を挙げれば、エリッヒ・ヤンツの『自己組織化する宇宙』（1980年刊）、スチュアート・カウフマンの『自己組織化と進化の論理』（1995年刊）、伊東俊太郎『変容の時代』（2013年刊。特にその第2章「創発自己組織系としての自然」）などがそうした典型例である（ヤンツ［1986］、カウフマン［2008］、伊東［2013］）。

これらはいずれも、宇宙、地球、生命、人間の歴史の全体を、「自己組織化」や創発、複雑系の進化といったコンセプトとともに、人間と自然あるいは生命と非生命等の間に絶対的な境界線を設けることなく、一貫した視座の中でとらえるという点において共通している。

そして、ある意味では以上のような（自己組織化論的な）議論の系譜とはやや異なる文脈から生まれつつ、こうした「超長期」の歴史把握に関して近年大きな関心を集めるようになっているのが、歴史学者デヴィッド・クリスチャンらの「ビッグ・ヒストリー」の試みである。

写真3–1　デヴィッド・クリスチャン『時間の地図』（2004年）

デヴィッド・クリスチャンは１９４６年に生まれ、オックスフォード大学で歴史の学位を取得した後、シドニーにあるマッコーリー大学教授として長く過ごしたが、１９９１年に「ビッグ・ヒストリー」というコンセプトを唱え、２００４年にはビッグ・ヒストリーの内容を体系的に記述した６００ページの大著『Maps of Time: An Introduction to Big History（時間の地図：ビッグ・ヒストリーへの招待）』を刊行した。これは文字通り、以上に述べてきたような宇宙、地球、生命そして人間の歴史を一つの視野の中でまとめた著作である（写真３−１）。

関連して記すと、デヴィッド・クリスチャンがビッグ・ヒストリーの概要を20分弱で講義したいわゆる「ＴＥＤ」のプレゼンテーション動画（2011年公開）は、驚くべきことに全世界で1200万回ビューを超える視聴を得ている。また、マイクロソフトのビル・ゲイツがこのビッグ・ヒストリーの試みに大きな感銘を受け、その内容を世界の中学生等に教えるプログラムに積極的な支援を行っている。

ちなみに私は京大での「現代社会論」というゼミで、上記のTED動画を教材として何度か使ったことがあるが、学生の反応は結構大きく、世界を見る新鮮な視点を得たといった類の意見が多く出された。

たとえばある女子の学生は、ビッグ・ヒストリーに示されるような「超長期」の歴史把握について、次のような感想を小レポートにつづっていた。

超長期的時間軸は、わずか数十年に満たない己の生を遥かに超える過去や未来を強く意識させる。雄大な時の流れ、ひいては、己を超えた大きな存在（先人、地球環境、宇宙など）との繋がりの確信をもたらす。つまり、逆説的ではあるが、超長期的時間の概念によって、己を超えた大きな時間や存在と地続きの「今この一瞬」を真に生きることが可能になる、と考えられる。

印象的な文章であり、本書の主題である、「無と意識の人類史」という（マクロの）視点と、

「生と死のグラデーション」という（ミクロの）視点とが、互いにつながりうるものであることを示す内容でもあるだろう。

では「ビッグ・ヒストリー」の中身そのものはどうか。そこでもっとも基本的な軸になっているのは、宇宙の歴史は「複雑さ」が増していく過程であるという把握であり、そこには何度かの「敷居（閾、threshold）」あるいは「創発（emergence）」と呼ばれる節目があるとされる。具体的には「1　ビッグバン：宇宙の起源」「2　恒星」「3　より重い化学元素」「4　惑星」「5　生命」「6　ホモ・サピエンス」「7　農業」「8　現代世界／人新世」という段階であり、たとえばその初期の部分のエッセンスは以下のようになる（この場合、記述の内容自体は近年の宇宙物理学等様々な分野の知見を踏まえたものなので、ビッグ・ヒストリーに固有のものではない）。

- 初期の宇宙は非常に単純なもので、宇宙論者がエネルギーの時代（放射の時代）と表現する時代に、宇宙は巨大なエネルギーの流れに満たされていた。
- しかし、宇宙は膨張するにつれて温度が下がっていき、その創生から約40万年後、この熱い「プラズマ」から原子（水素やヘリウムなどの簡単な元素）が生成されるようになった。その後、原子を基本的な構成要素として、より複雑なものが現れはじめた。
- 宇宙の誕生から約2億年後、さまざまな恒星から成る銀河が出現した。銀河内部では、寿命の最期を迎えつつあった恒星が、超高温となる中で炭素、酸素、金、銀といった新しい種類の原子や化学元素を生成し、周囲の宇宙空間に放出し始めていた。

- 恒星間の空間に放出される化学物質が増えるに従い、水・氷・ダストおよび岩石などの新形態の物質が、新たに形成されつつある恒星の周囲に集まるようになり、ついに最初の惑星系を形作るに至った。
- 少なくともひとつの惑星（＝地球）で、化学元素が結合してさらに複雑な構造をもつようになり、ついには非常な精度で自己複製と増殖が可能な単細胞の生命体が生まれ、時間をかけて周囲の環境に適応し、単細胞生物としての種類を増やしていった。

……等々といったストーリーである（クリスチャン他［2016］）。なお閾の設定の仕方や複雑性の視点等については、同じくビッグ・ヒストリーの論者の一人であるフレッド・スピアの影響なども受けつつクリスチャンの一連の著作の中で変遷が見られる（Spier［2011］）。

こうした「ビッグ・ヒストリー」の試みは、なお試行錯誤の〝模索〟途上の段階とも言え、しかも、この後で述べるようにその内容には私自身様々な「もの足りなさ」を感じている。しかしこのような探究自体は、ともすればタテ割りになりがちな、「文・理」にわたる現在の様々な学問分野――物理学、化学、地質学、生物学、人類学、考古学、歴史学、経済学、社会学、政治学、心理学等々――の壁を越えて、それらを横断し総合化する試みとしてきわめて貴重なものと私は考える。やや大げさに響くかもしれないが、ある意味でそれは、（文理を含む様々な学問分野の知見や成果を踏まえつつ）、近代科学あるいは学問のあり方そのものを問いなおす試みとしての意味や可能性をもっているだろう。

「超長期」の歴史への関心の背景

さて、「ビッグ・ヒストリー」の内容に関する上記の「もの足りなさ」について述べる前に、デヴィッド・クリスチャンの議論に限らず、先ほど挙げたいくつかの同様の関心に基づく著作群を含め、なぜこのような、宇宙、地球、生命そして人間の歴史を一貫したパースペクティブの中でとらえる試み、言い換えれば「超長期」の歴史への関心が近年になって浮上してきているのか、という点を考えてみよう。

個別の点を含め、まず大きくは次のような背景が指摘できると思われる。

第一に、物理学その他の分野において「自己組織化」や「複雑系」といったコンセプトが唱えられるようになり、人間と自然、生命と非生命等の間に絶対的な境界線を設けず、それらを一貫した（動的な）プロセスにおいてとらえる見方が台頭してきたこと。

第二に、宇宙論の分野において、先にふれた「定常宇宙論」に対し、いわゆるビッグバンとともに宇宙は誕生し、かつ宇宙そのものが独自の「歴史」をもっているという理解が、実証的な研究も伴う形で展開してきたこと。そのステップとしては、1929年にアメリカの天文学者ハッブルが「宇宙の膨張」を示唆する現象（「赤方偏移〔red shift〕」）を発見し、1965年には「背景輻射（background radiation）」と呼ばれる、ビッグバンの名残を示す現象が観測され（観測を行ったベル研究所の二人の研究者は1978年にノーベル賞を受賞）、さらに1989年には背景輻射の研究用に設計された衛星COBEによって初期宇宙の状態がより精緻にわかってきた等の一連の流れが挙げられる。

第三に、ある意味でもっとも根本的な点であり、特に近年においてあてはまることだが、経済社会あるいは資本主義のあり方が変容し、あるいは様々な矛盾に直面し、第2章で述べたような「限りない拡大・成長」や「人間による自然のコントロール」をひたすら追求するような方向に疑義が生じる中で、**環境の有限性を踏まえた上で、人間と自然を含む生態系とその歩みをトータルに理解しとらえ返そうという関心**が浮上していること。

といった点が挙げられるだろう。

思えば前章の初めに、近代科学の意味に関する科学史家アレクサンドル・コイレの『閉じた世界から無限宇宙へ』の議論を紹介したことと、ここでの話題がいみじくもつながってくる。

つまりコイレが論じたように、近代科学の成立を通じて〝無限の空間・時間とともに広がる無機的な「無限宇宙」〟という世界像への転換がなされ、それによって世界からは「意味」が脱色され、人間ないし個人はそうした機械的な無限宇宙の中で振る舞う原子のような存在として位置づけられた。

それはある意味で皮肉なことに、かつては神話や宗教がその役割を担ったような「コスモロジー」、つまり私という存在を意味づけてくれるような世界ないし宇宙についての理解の枠組みの、解体のプロセスでもあったのである。

だとすればビッグ・ヒストリーを含む超長期の歴史への関心の高まりは、専門分化しタテ割り化した近代科学の総合化の作業を通じて、かつ**地球環境の有限性など人間を含む生態系全体へのまなざしと一体となって、そうした「コスモロジー」を（過去への回帰ではなく）現代的な形で復権させる試み**とも言えるだろう。

歴史記述のあり方

さて、ビッグ・ヒストリーあるいは超長期の歴史把握のもつ以上のような意義を確認した上で、先ほどふれたように、デヴィッド・クリスチャンが展開しているビッグ・ヒストリーの具体的な内容について、私自身は様々な「もの足りなさ」も感じている。大きく言えば、それは主に次の2点である。

第一に、デヴィッド・クリスチャンの議論では、先述のように「複雑さの度合いの増大」といった歴史における基本的な方向や時期区分は示されているものの、なお事実にそくした「記述」が中心で、それらをより構造化した座標軸と呼べるものが見えにくいこと。

第二に、人間の歴史以降について、政治や経済、環境等に関する〝外形〟的な記載が中心で、思想や観念、宗教や世界観等の変化や革新についての論述がうすいこと。

以上の点は、ビッグ・ヒストリーのねらいの一つである、まずは様々な学問領域を総合化し、宇宙、地球、生命、人間の歴史の全体について、いわばその基盤となる〝中立的〟なデータベースを提供するという観点からはやむをえない面をもっており、それ自体が問題であるという趣旨ではない。

しかし一方、これはおよそ「歴史」あるいは「事実」の記述とはそもそも何であり、またいかにして可能かという、従来から論じられてきた根本的なテーマと重なる論点だが、様々な「事実」を選び取り、歴史や現象の記述を行う場合、自ずとそこには一定の価値観や認識枠組みに基づく、選択や優先順位づけが働いている。

そこではいわば括弧付きの「事実」と認識枠組みとの間の動的なフィードバックが作用して

いる一方、かといって恣意的に「事実」を作れるわけではない。したがってこうした点を十分自覚しながら、歴史の中に何らかの座標軸を設定して構造化を図る作業は同時に重要と言えるだろう。

実は第2章で論じた内容もまさにそうした性格のものであり、人類史を人口や経済の「拡大・成長」と「定常化」という視点からとらえ直すとともに、新たな思想・観念の生成や、それと環境・経済社会との相互作用という点に注目し、「拡大・成長から定常化への移行期において、それまで存在しなかったような新たな観念や価値が生成する」といった議論を行ったわけである。

それでは、そうした「意味」や「構造」にも注目しながら、第2章で述べた人類史以前の歴史、つまり宇宙の生成から地球の形成、生命の誕生と展開の流れをとらえる場合、どのような視点が重要となるのだろうか。

ここでは、なお全く仮説的なものだが、以下の二つの点に注目して議論を展開してみたい。すなわち一つは、宇宙―地球―生命―人間という展開を、「開放定常系」の生成という点からとらえる把握であり、もう一つは、生命以降の歴史を「共生と個体化のダイナミクス」という視点からとらえる試みである。

2　意識という開放定常系

「開放定常系」という視点

第一の点だが、実はこの話題は拙著『グローバル定常型社会』（広井［2009a］）の中である程度論じた内容なので、簡潔な記述にとどめたいと思う。

開放定常系（または定常開放系）とは、地球というシステムの理解に関して物理学者の槌田敦らが先駆的に展開した議論で（槌田［1982］、室田［1979］等）、それは以下のように要約されるものである。

……地球はどのような意味で開放定常系なのであろうか。簡単にいって、地球は、地表において太陽から一定量のエネルギーQを高温T1で受け取り、同量のエネルギーQを大気圏上層部から低温T2で宇宙空間に放出し、この温度差を通じてエントロピーを系外に捨てる熱機関である、というのがその答である。……私たちは、ソディ〔引用者注：イギリスの化学者で1921年ノーベル化学賞受賞〕が、大気圏における水の循環を蒸気機関になぞらえて説明し、太陽エネルギーを有用なエネルギーに変換するこの壮大な熱機関に注目したことをみたが、この水の循環こそ地球を開放定常系に保ってきた理想的な熱機関なのである（室田［1979］）。

この記述からもうかがわれるように、「地球＝開放定常系」論の基礎にあるのは物理学のいわゆるエントロピー論である。念のため確認すると、エントロピーとは19世紀半ばにおける熱力学の発展の中で物理学者クラウジウスによって提案された概念で、熱力学の第一法則（エネルギー保存の原理）に対し、様々な物理現象を通じて常に（不可逆的に）増加するものとして把握される。このエントロピー増大則が熱力学の第二法則とされるのだが、エントロピーについての直感的なわかりやすい理解は、それが事象の乱雑さ（無秩序）の度合いを示すものであるという点だろう。たとえば海辺の砂浜で砂のお城を作ると、しばらくはそれはお城の形をして存在しているが、徐々に波に洗われて崩れていき、やがては跡形もなくなる。砂のお城という「秩序」が、やがては無秩序へと（不可逆的に）変化していくのである。

これを宇宙全体にあてはめると、ビッグバンに始まる宇宙の年齢は現在138億年とされているが、これは宇宙全体の歴史の中ではほとんど最初の〝一瞬〟の時間と考えられている。そして宇宙の未来は、なお様々な説があるものの、いずれにしても非常に遠い未来、つまり10億年の10億倍のさらに10億倍といった気の遠くなるような時間をへて、やがて上記のような均質的な無秩序に至る（クリスチャン他［2016］、『ニュートン』2020年2月号［宇宙の終わり］）。「宇宙の熱的死」と呼ばれる状態である。

ちなみに地球科学者の松井孝典氏は、（太陽が徐々に明るくなっていき大気中の二酸化炭素が減少することの帰結として）今からおよそ5億年後に地球の生物圏は消滅し、20億年後に地球は現在の金星と同じような状態となり、やがて太陽が膨張し地球はそれに呑み込まれるとする（松井［2003］、同［2007］）。この意味では地球も宇宙も（〝永久に続く〟という意味で）「持続可能」ではない。

ところで、私たち人間を含む生命は、明らかにそうした無秩序への不可逆的進行から（少なくとも時間座標を短くとる限りでは）免れており、一定の秩序や恒常性を保っている。

こうした点について、量子力学の先駆者の一人の物理学者シュレーディンガーがその著書『生命とは何か』において、「生命」はエントロピー増大法則に〝逆らう〟存在であると論じたことはしばしば言及される話題である。彼は「生きている生物体は……死の状態を意味するエントロピー最大という危険な状態に近づいていく傾向があります。生物がそうした状態になららないようにする、すなわち生きているための唯一の方法は、周囲の環境から負エントロピーを絶えずとり入れることです」と論じた（シュレーディンガー［1951］）。無秩序へと向かうエントロピー増大法則に逆らって、秩序を維持しているのが「生命」の特質だという理解である。

三重の開放定常系としての地球・生命・人間

これらの議論の全体を踏まえつつ、「開放定常系」という言葉を、「外部環境との間で物質・エネルギー・情報等をやりとりしながら一定の秩序を維持しているシステム」という具合に一般的に理解するならば、宇宙全体の大きな流れの中で、結局のところ私たちは、

（a）「地球」という開放定常系
（b）「生命」という開放定常系
（c）「人間」という開放定常系

という、いわば〝**三重の開放定常系**〟の中を生きていることになるだろう。そしてこうした開放定常系のシステムという土俵の中で、前章で議論したような人間の歴史が展開していることになる。

とはいえ、同時にそれらは究極的にはすべて「宇宙の熱的死」へと向かうエントロピー増大

法則の中の出来事であり、「人間」も「生命」も「地球」もやがては〈死〉に至る（宇宙自身も）。その意味では永久に「持続可能」なものはこの世界には存在しないともいえる。

しかし逆に考えれば、**地球や生命や人間が上記のような不可逆過程の中で、いわばかろうじて「定常」的なシステムを作り存在しているということを、ひとつのポジティブな価値としてとらえる**ことも可能ではないか。

つまり「定常」というと、〝変化のない退屈な社会〟とか〝放っておいても実現する状態〟といったニュアンスがあるが、それは誤りであり、むしろ熱的死に向かう不可逆的な過程に逆らって、いわば人間や生命が積極的な努力の中で実現していく姿なのだ。

同時にそれが、「持続可能性」に価値を置くということの本来の意味なのではないだろうか。

生命というシステムと物質・エネルギー・情報

ところで、いま「地球、生命、人間」という三重の開放定常系ということを述べたが、そうした開放定常系において外部環境とやりとりされるものは何かという観点から、さらに次のようなとらえ方ができるように思われる。すなわち、

（a）「地球」……物質／エネルギー（に関する開放定常系）
（b）「生命」……物質／エネルギー／情報（に関する開放定常系）

（c）「人間」……物質／エネルギー／情報　プラスα（に関する開放定常系）

という把握だ。

このうち、まず「地球」というシステムが、「物質／エネルギー」に関する開放定常系であるというのは先ほど見たとおりであり、そこでは太陽エネルギーと大気・水の循環が中心的な役割を担う。

次に「生命」であるが、まず生命が外部環境との間で「物質／エネルギー」をやりとりしつつ一定の恒常性を保つシステムであることは確かだが、生命というシステムはそれに尽きるのではない。ここで浮かび上がってくるもう一つの要素が「情報」である。

やや論を急ぐことになるが、ここで想起したいのは、かつてアメリカの天文学者カール・セーガンが「情報」と生命・人間との関係について展開した次のような議論である。

すなわち、「情報」には「遺伝子情報」と「脳情報」の二者があり、前者はすべての生物が共通してもっているもので、生命や諸器官の生成・発現をつかさどると同時に、親から子へと遺伝子を通じてバトンタッチされる。

しかし人間（正確には、哺乳類などを含む高度な生物）の場合、蓄積し伝達すべき情報や行動が膨大かつ複雑なものとなり、そうした遺伝情報のバトンタッチだけでは〝容量〟が足りなくなった。そこで、脳という器官を発達させそれに情報を蓄積しつつ、個体と個体とが直接にコミュニケーションをとることで情報や知識、経験を伝達するようになった。これが（遺伝子情報に対する）「脳情報」ということである。

そして脳情報に関しては、特に個体間コミュニケーションが飛躍的に発達した哺乳類においてきわめて重要な役割を担うことになる。この場合、個体間コミュニケーションの原型となるのは、（哺乳類という言葉自体が示すように）母子関係であり、またそれ以外の個体間コミュニケーションを含めて、それは「ケア」の関係とも言い換えられるものである（広井［1997］参照）。

そしてさらに、そうした脳情報すら〝容量〟が満杯となったので、人間はコンピューターという新たな情報蓄積の機械を作り、脳の「外部化」を行ったというのがセーガンが展開したストーリーだった（セーガン［1978］）。

意識という開放定常系

そして最後に人間について、先ほどの「地球―生命―人間」という三重の開放定常系という理解において、「人間」については「物質／エネルギー／情報　プラスα」としたのだが、私はこの「α」にあたるのは**「自己意識」**であり、それには（次に述べる意味での）**「コミュニティ」**

ということが深く関わっていると考える。

詳細は略すが（広井［２００９b］参照）、人間の社会の特徴は、個体の存在の先にいきなり「社会」が存在するのではなく、個体と社会との間に、家族などを含む〝中間的〟な集団が存在することである。霊長類学者の河合雅雄は、こうした人間社会の特徴を「重層社会」と呼んだ（河合［１９９０］）。

つまり、個人ないし個体がダイレクトに集団全体（あるいは社会）につながるのではなく、その間にもう一つ中間的な集団が存在するという構造は、生物進化の過程におけるサルからヒトへの飛躍の中で初めて成立するという興味深い事実である。

したがって個体の側から見れば、それはその中間的な集団「内部」の関係と、「外部」の社会との関係という、二つの異質な関係性をもつことになる。前者（＝内部関係）の原型が〈母親〉との関係であり（これは哺乳類に共通する）、後者（＝外部関係）の原型、正確には個体を社会に「つなぐ」存在の原型が〈父親〉である（〈母親〉〈父親〉という表現をしたのは、いわばこれは原型的ないし象徴的な意味であり、現実の社会においては、それは様々な主体がその役割を担うことがありうるとの趣旨からである）。

そして、この「重層社会における中間的な集団」こそが「コミュニティ」というものの本質的な意味になるのではないだろうか。したがって、人間のコミュニティはその原初から、その

「内部」的な関係性と、「外部」との関係性の両者をもっていることになる。このいわば〝関係の二重性〟にこそ人間の本質があるといえるだろう。

そして、こうした関係の二重性、特に「外部」との関係性の存在ということが、他でもなく（集団を超えた）独立の単位としての「個人」ということと重なり、かつまた「自己意識」の成立ということとパラレルなのではないか。

言い換えれば、人間のコミュニティとは本来的に「外部」に〝開かれた〟ものであり、しかもそうした他者との関係性が人間の「自己意識」の成立と並行的に進むことになる。

以上のような意味において、「意識という開放定常系＝コミュニティという開放定常系」との観点から人間をとらえることが可能と思えるのである。

3 「共生と個体化のダイナミクス」としての生命

共生の起源

「開放定常系」という視点で地球・生命・人間の意味を考えてきたが、もう一つここで提起してみたいのは、「生命」以降の展開を、以下に述べるような「共生と個体化のダイナミクス」という観点からとらえ返すという点である。

まずここで注目したいのは、人間を含む一定以上の複雑さをもつ生命あるいは生物――「真核生物（eukaryote）」と呼ばれる存在――は、その起源において、ある種の「共生」から生まれたという理解だ。

前提となる認識として、地球上のあらゆる生物は、大きく「原核生物（prokaryote）」と上記の「真核生物」に分けられる。原核生物は、核などの複雑な構造をもたない細胞からなる生物で、いわゆる「バクテリア（細菌ないし真正細菌）」がその代表である。それに対し真核生物は、

写真3–2　リン・マーギュリス『細胞の共生進化』

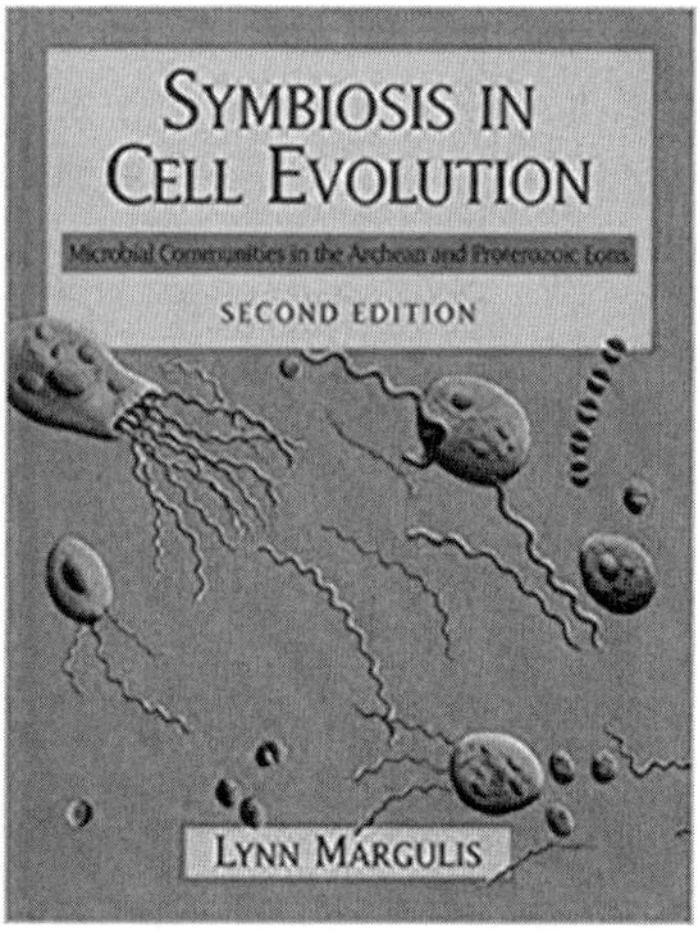

その細胞が核などの複雑な構造をもつ生物であり、より進化した形の生物ないし生命と言える。

ここで問題は、原初から存在している、つまり今から40億年前の「生命」の誕生とともに生成した「原核細胞」から、複雑な構造をもった細胞からなる「真核細胞」がいかに生まれたかという点なのだが、この話題について、現在も受け入れられている大胆な理論――それは後述のようにごく最近になってその正しさが実証され大きな話題ともなった――を先駆けて提唱したのが、アメリカの女性生物学者リン・マーギュリス（1938–2011）だった（写真3–2）。

その骨子は次のようにシンプルなものだ。

すなわち、当初存在した原核細胞の一種として、シアノバクテリア（藍色細菌）と呼ばれるものが今から30億年ほど前に地球上に現れ、いわゆる光合成を始めた。念のため確認すれば、光合成とは二酸化炭素と水から太陽エネルギーを利用して酸素と栄養分（有機化合物）を作り出す営みだが、それはまさに〝食料生産〟の始まりとして、あらゆる生命の土台の一つになっていくものである。

ところが、皮肉なことに当時の地球上の生物（原核生物）の大半にとって酸素は〝毒〟であり、したがってシアノバクテリアによる光合成の開始によって、地球上のそれら生物――「嫌気性」細菌と呼ばれる――は絶滅の危機に瀕した。これは〝**酸素の大公害**〟とも呼ばれており、実際、光合成の開始によって、地球上の大気中の酸素濃度は約1パーセントから現在の約20パーセントに一気に上昇した（約30億年前から約20億年前の間の変化）。

しかしながら、生命の適応力あるいは〝逆転の発想〟と言うべきか、この時登場したのが、逆に「酸素」を積極的に利用してエネルギーを生み出すこと、つまり「呼吸」を行う原核生物だった。ある種のリサイクルとも言える、〝廃棄物〟を〝資源〟に転換する革命的な試みである。

そしてマーギュリスの議論の核心はこの次にある。すなわちここにおいて、もともと存在していた原核生物は、上記の酸素を利用する原核生物を自らの中に取り込んで融合し、ある種の「共生」を行った（さらに植物の場合は、光合成を行う原核細胞も取り込んだ）。その結果できたのが、より複雑な構造をもった「真核細胞」ないし「真核生物」であり、呼吸を行う原核細胞はそこでは「ミトコンドリア」となり、光合成を行う原核細胞は「葉緑体」となった。今からおよそ20億年前頃のこととされる。

以上が真核生物の起源をめぐるマーギュリスの「細胞内共生説」の骨子である（マルグリス他［1989］等参照）。そして、マーギュリスがこうした説を唱えたのは1967年という早い時期だったのだが、その正しさは最近に至って日本の研究グループによって〝実証〟され、それは科学誌『Science』において2019年の10大ニュースの一つに選出された。

簡潔に述べると、研究を行ったのは日本の海洋研究開発機構と産業技術総合研究所などのグループで、太古から存在している原核生物である「アーキア（古細菌）」を、それを含む土とともに海底から2006年に採取し、深海の環境を模した条件でその培養を始め、12年後の2018年にアーキアの培養・分離に成功した。興味深いことに、アーキアの形態を観察したところ、そこでは〝触手〟のようなものが伸びており、この触手を使って（先ほどのマーギュリスが論じるように）他の原核生物を取り込み、共生関係を築いたと見られるという内容である（『Newton』2020年4月号）。マーギュリスの理論的仮説の一部が〝実証〟されたことになる。

「共生と個体化のダイナミクス」としての生命

以上が、私たち人間を含む「真核生物」の起源に関するマーギュリスの議論の概要と最近の動きだが、ここでさらに考えてみたいのは次のような内容である。

それは、マーギュリスのような議論から、「このように私たちの生命は『共生』の原理によって成立しており、したがって生命は本来的に『共生』を求める存在なのだ」といった結論を導くことが考えられるが、はたしてそれは妥当なのかという点だ。

私自身は、そうした議論の単純化には懐疑的である。そしてこの後に述べるように、**生命とは、人間を含め、「共生」と「個体化」という二つのベクトルを（重層的に）もつ存在**である、という理解が妥当ではないかと考えている。

そもそも、マーギュリスの議論は人間を含む真核生物の基本単位である「（真核）細胞」の発生の起源に関するものである。一方、私たちが通常「共生」という言葉を使うのは、〝私〟や〝彼〟〝彼女〟といった「個体」ないし「個人」、またはそれらからなる集団同士の関係性に関するものであって、考察の対象あるいはレベルが異なっている。

また、別の角度から見ると、人間あるいは生命の歴史を紐解けば、そこに様々な「共生」あるいは「協調」の形が豊饒な形で存在するとともに、「競争」や「敵対」「紛争」「支配」等々の現象が無数に存在してきたのも否定できない事実である。

したがって、生命は本来的に「共生」を志向する存在であると理解するだけでは状況の改善ないし問題の解決にはつながらないし、以上のような事実を踏まえると、そもそも生命の構成

図表3-1　生命以降：共生と個体化のダイナミクス（Ⅰ）

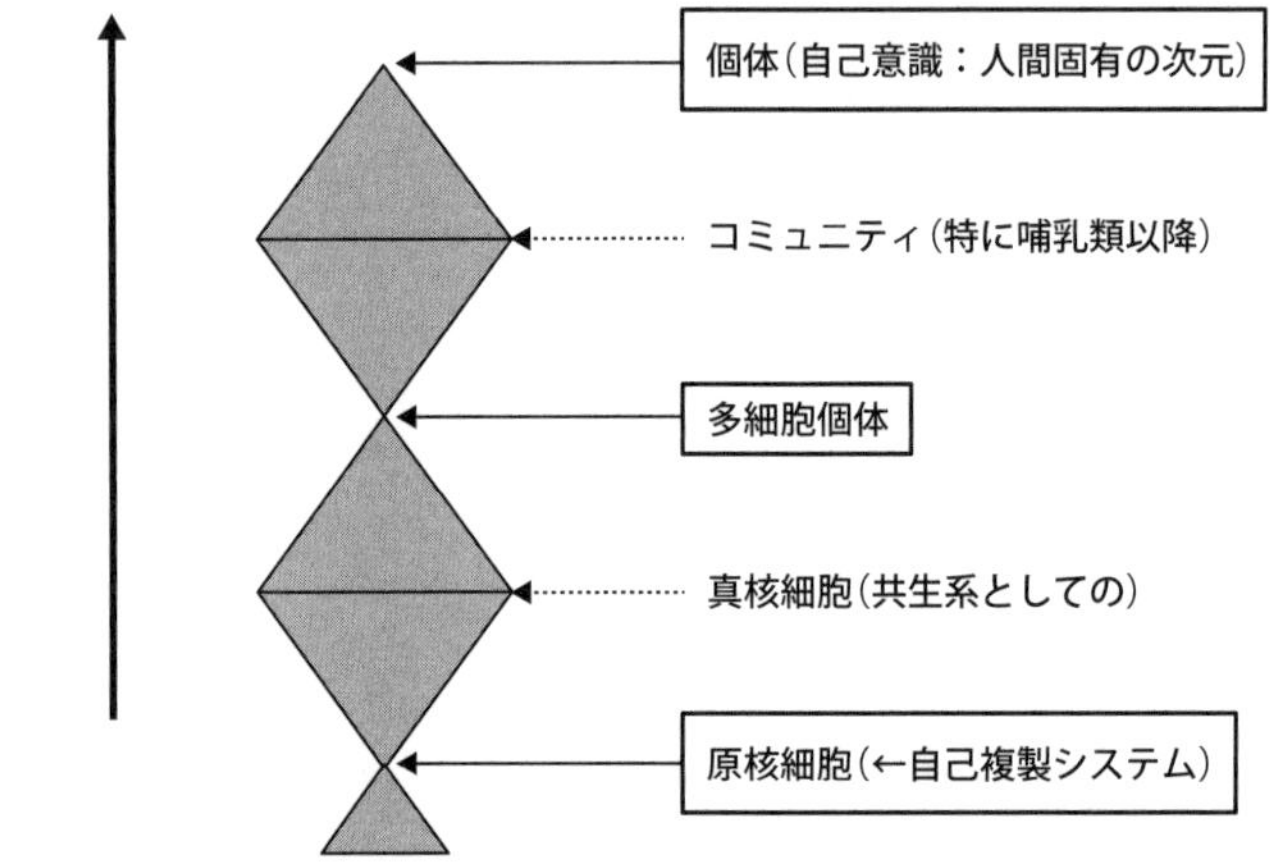

原理は「共生」のみとは言えないのではないかという基本的な疑問が生じる（ちなみにこの話題は、第2章で論じた、近年の様々な諸科学において人間の利他性や協調性に注目する議論が活発化しているのはなぜかという論点ともつながるだろう）。

こうした関心を踏まえた上で、これもまた仮説的な理解の枠組みに過ぎないが、私自身は上記のように、「共生」と「個体化」という異なる方向に向かうベクトルが、細胞レベルから個体等のレベルまで重層的に積み上がっているようなモデルを考えてみたい。その概要を示したのが図表3-1である。

図にそくして説明すると、「生命」というものの原初の姿あるいは起点をなすのが一番下の「原核細胞」で、これは先ほど述べた内容のものであり、さらにその起源をたどれば、

「RNAワールド仮説」と呼ばれる考え方、つまり「原始地球において、RNA（リボ核酸）が遺伝情報と酵素としての働きの両方を果たしていた」という説や、それがタンパク質と結びついて「RNPワールド」が作られたという説などに行き着く。「自己の複製に対して触媒作用をもつ化学物質の系」とも言えるが（カウフマン［2008］）、しかしこれらはなお仮説にとどまっている（市橋［2019］）。

そして、こうした原核細胞ないし原核生物が、（酸素の大公害という危機的な状況において自らの〝生存〟を確保するために）「共生」して生まれたのがその上のレベルの「真核細胞」ないし「真核生物」だったことは、先ほどのマーギュリスの議論のとおりである。

しかし生命の進化はここでは終わらない。生命の歴史の中で、やがて有性生殖、つまり遺伝子を交換し合って新たな個体を作るという革新が生じ、それは「個体の死」が生まれたことを意味していた（この話題は第4章の「無の人類史」で立ち返りたい）。

さらに約10億年前には「多細胞生物」あるいは「多細胞個体」というものが登場し、ここから生命ないし生物は一気にその複雑性を増大させていくとともに、多様な形態をとっていくことになる。同時に、それは免疫系や神経系といったシステムを発達させつつ、**他の個体や環境から一定の独立性をもってふるまう「個体」――「身体的個体」**――という存在が大きく発展していくことも意味していた。

つまり、先ほど「真核細胞」が生まれた際の「共生」とは異なり、ここではむしろそれとは逆に、いわば競争のユニットとしての「個体」化へと向かうベクトルが働いていったのである。図表3-1は、そろばんの〝玉〟が上下に並んでいるような絵になっているが、その膨らんだ部分が「共生」の方向を、細くなっている部分が「個体化」の方向を意味している。

しかしながら、さらに生命の進化が進む中で、今度はこの**「個体」同士が、様々な形で互いに〝共生〟ないし〝協調〟し、言い換えれば「社会性」を発達させていくという方向**が展開していく。

このことは、先ほど「開放定常系」の議論を行った際に言及した「遺伝情報から脳情報への進化」という話題と重なっている。つまり親から子への「情報」伝達がもっぱらDNAを通じてバトンタッチされていたのが、生物が複雑になっていく中で、それ（遺伝情報）だけではとても〝容量〟が足りなくなり、その結果、生物は脳を発達させ、そこに様々な情報を蓄積させるとともに、それを個体と個体の間の「コミュニケーション」を通じて伝達していくようになったのである。

それが原初的な形で現れたのが哺乳類だが、そのことが飛躍的に進化したのが他でもなく人間だった。

いずれにしても、以上の把握に示されるように、「多細胞個体」が生じた後、生命はその進化の中で、再び「共生」のベクトルを強める方向に進んでいった。それが図における「コミュニティ」と対応している。

コミュニティを超える次元

しかし、人間の場合はさらにその上のレベルに、再び「個体」あるいは「個人」という（再び個体化に向かう）次元が存在している。

ここで話がいささか錯綜することになり恐縮なのだが、重要なポイントとして、これには次のような二重の意味が含まれている。

第一は、人間はその原初から、いま述べたような「コミュニティ」の次元にとどまらない、あるいはそこを超えていくような、「個体／個人」の次元をもっているという点である。これは、先ほど「開放定常系」のところで言及した「重層社会」や「自己意識」というテーマと重なっている。

つまり人間の場合は、先述のように個と社会との間に〝中間的〟な集団があり、したがって人間には当初から、集団の〝内部〟的な関係性と、集団の〝外部〟とつながる関係性の両方が備わっている。したがって**人間には、自らが属する集団を何らかの意味で〝超え出ていく〟ベクトルないし志向が（少なくとも潜在的には）存在する**ということである。それがここで述べている、コミュニティの次元を超えた「個体／個人」の次元ということになる。

第二の意味は、〝近代的な個人〟あるいは〝反省的な個人〟という言葉で表現されるような（狭義の）「個人」のレベルであり、これは、人間の歴史において、他でもなく「近代」という時代において顕著になった次元である。それは理念的なレベルでは、いわゆるデカルトの〝われ思う、ゆえにわれあり〟に象徴されるような、明確な「自我」の意識と重なり、またより実質的には、市場経済が展開し、個人が共同体の枠を越えて自由な経済活動を行っていくという、近代的な経済社会システムと関連している。

したがって、こうした「個体／個人」をめぐる複層的な次元を考慮するならば、言い換えれば人間の歴史が始まって以降の固有の展開を考えれば、それは図表3-2のようなものとなる。

これは第2章での議論ともつながるが、人間の歴史はもっとも大きくは狩猟採集社会、（約1万年前以降の）農耕社会、近代社会（ないし工業化社会）という三つのステップに区分することができ、そして狩猟採集社会は基本的に「個体」が軸となり、農耕社会は「コミュニティ」ないし「共同体」が軸となり、近代社会は上記のように「個人」が軸となる社会であるという理解に呼応するものである。さらに図において、「個人：近代社会」の上にもう一つの三角形（個人を超える次元）を配置しているのは、同じく前章で論じた「個人を超えてコミュニティや自然とつながる」ベクトルとしての「地球倫理」を意識したものである。

図表3-2　生命以降：共生と個体化のダイナミクス（II）

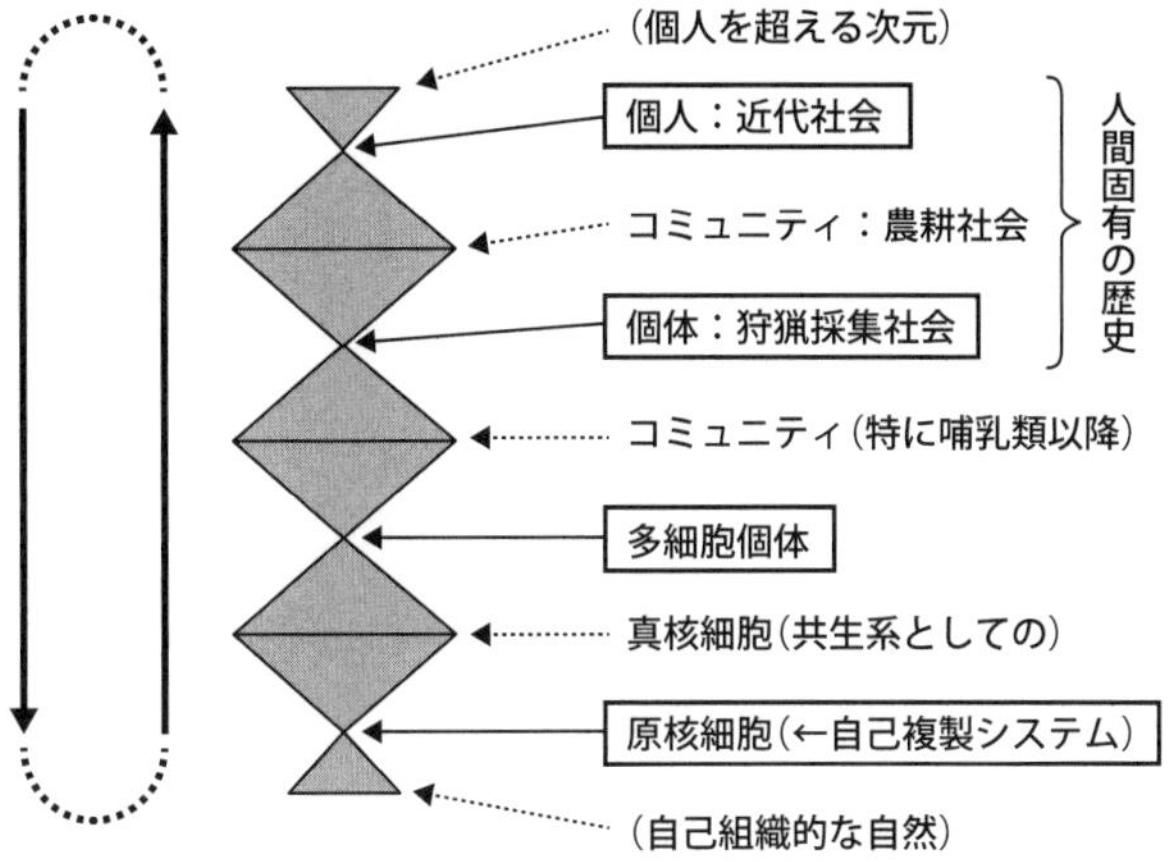

「共生のパラドックス」

いずれにしても、人間を含む「生命」の歴史は、このように「共生」と「個体化」のダイナミックかつ重層的な展開として把握することができるのではないか、というのがここでの理解となる。

この場合、誤解してはならないのは、「共生」と「個体化」と言う時、必ずしも前者が単純に〝よい〟ことで、後者が〝悪い〟というわけではないという点だ。一般的には、「共生」という言葉はそれ自体プラスの含意をもっており、もちろんネガティブなものではない。しかし私たちは、次のような意味での**「共生のパラドックス」**とも言うべき現象には十分に留意する必要があるだろう。

「共生のパラドックス」とは、とりたてて難しい内容ではなく、何らかの「共生」を通じてある集団が形成された場合、その集団が、その〝外部〟に対して排他的になったり、敵対的になったりする事態を指している。

いささか大づかみに人間の歴史を振り返れば、**人間の歴史とは、この「共生のパラドックス」の繰り返しの歴史だった**と言えるのではないかと思えるほど、この現象は人間につきまとっているように見える。あえて単純化して見れば、それは次のような展開として把握できるだろう。

もともと人間社会の集団は家族などごく小さな規模のもので、サル社会において〝毛づくろい〟がきわめて重要なコミュニケーション手段であることをイギリスの人類学者・進化心理学者ロビン・ダンバーが示したように、そこでは非言語的で多様なコミュニケーション手段が中心をなしていた（ダンバー［2016］）。それが集団ないし社会の規模が大きくなっていくにつれ、「言語」という体系化された手段が重要な位置を占めるようになっていったのだが、これはいわば、家族などの小集団を超えた「共生」のツールとして、言語が発展したわけである。そして「共通の言語」をもつということは、その集団のアイデンティティともなり、メンバー間の〝連帯〟意識や〝一体感〟を醸成する重要な土台ともなった。

ところが、こうして「言語」を基盤とする一定規模以上の集団ができ上がると、それは「別の言語」を話す集団との間に亀裂を生み、場合によってそれは根深い敵対意識や紛争にまで発展していった。

つまり皮肉にも、**小集団を超えた「共生」のツールとして生成したはずの言語が、今度は逆に異なる言語を使う集団間のコミュニケーションの阻害要因ないし〝壁〟となってしまい**、むしろ「分断」の原因としても働くようになったのである。逆に、たとえば「音楽」とかダンス、様々な身体的表現など、非言語的なコミュニケーション手段のほうが、むしろ言語の違いや〝国境〟を越えた人と人の相互理解にとって重要な意味をもつ場合も多い。

しかし議論はここでは終わらない。そうした異なる言語を用いる集団――それは部族、民族、国家など様々なレベルの形をとる――の間の紛争を解決する手段の一つとして生成したのが、実は（第2章で述べた）紀元前5世紀の「枢軸時代／精神革命」の時代における、普遍宗教あるいは普遍思想と呼ばれる思想群だった（インドにおける仏教、中国における儒教や老荘思想、中東における旧約思想そしてキリスト教、ギリシャにおけるギリシャ哲学）。

つまりこれらの普遍宗教ないし普遍思想は、〝言語の違いを超えた「共生」〟を可能にする基盤として展開していったのであり、それぞれが地球上の各地域に広がっていった結果、各々の普遍宗教・普遍思想によって世界がいわばリージョナルなレベルで区分され――〝世界宗教地図〟の形成とも言える――、それらが互いに「住み分け」しつつ、共存していたのが近代までの時代だったと言える。

しかしながら、近代以降、とりわけ近時のグローバリゼーションの展開を通じ、地球規模の経済活動やコミュニケーションが進む中で、キリスト教圏とイスラム教圏の対立などに象徴されるように、今度はそうした普遍宗教・普遍思想同士が互いに敵対し、むしろ様々な紛争の原因になっている。

つまりここでも、普遍宗教・普遍思想という、異なる「言語」を超えた「共生」のツールないし土台として生成したはずのものが、皮肉にも、より〝高次〟のレベルでの分断の元凶になってしまっている。

地球倫理における循環的統合

以上がここで「共生のパラドックス」と呼んでいる現象の、人間の歴史における展開であり、それは「家族（などの小集団）」→「言語」→「普遍思想・普遍宗教」といった様々なレベルで生じてきた。

ここまでの議論から言えることは、「共生」はそれ自体がすべてプラスの意味をもつものではなく、〝「共生」の外部〟に対する排他性や敵対性を潜在的に含むものであり、むしろそれを克服する一つの通路として、「個体化」というベクトルが存在しうるという点である。「個体化」はそのポジティブな側面として、異なる集団の間に、あるいは集団を超えて〝橋を架ける〟役割をも果たしうるのである。こうした点を踏まえた上で、以上のような展開の、ある意味で〝究極〟のレベルに浮かび上がってくるのが「地球倫理」であると言えるかもしれない。

つまり前章で、地球倫理を「個人から出発しつつ、地球の有限性や多様性を認識し、個人を超えてその土台にあるコミュニティや自然とのつながりを回復する」理念として述べた。そこで示されているように、あくまでその出発点には「個人」を明確に立てる必要があり、それは「地球的公共性」とも呼べるような、個人をベースとしつつ、所属する集団を超えて異質な他者や異なる集団に開かれたあり方である。

同時に他方で、地球倫理の中身は、そうした個人を超えて、コミュニティや自然とのつながりを回復するという、「共生」に向かうベクトルを含んでいる。

それは地球環境という有限の舞台において生じるものであり、先ほどの図表3-2にそくして見れば、そのもっとも上にある「個人を超える次元」が、環境の有限性を自覚する中でいわば下向きのベクトルへと反転し、生命ないし自然のもっとも根底的な次元へと循環的につながるものとして理解できる。

この意味で地球倫理は、人間あるいは生命の歴史における「共生と個体化のダイナミクス」の、ある種の到達点に位置する理念とも考えられるのである。

第4章

無の人類史

1 「無」の自明性への問い

「無」へのアプローチ

「無の人類史」とは、いささか意味不明なタイトルに響くかもしれない。イントロダクションでも指摘したように、現在の私たちは、「有限性」というテーマに根本的なレベルで向かい合う時代状況を迎えており、それには、（a）人間の「生」の有限性、（b）地球環境あるいは経済社会の有限性という二つのレベルがあった。このうちの主に（b）について議論を行ったのが第2章（有限性の経済学）であり、それをさらに宇宙や生命全体の流れをめぐる議論に展開したのが前章だったわけだが、そうした内容を踏まえつつ、（a）についての考察を主題化するのがここでの課題となる。

議論の中身に入る前に、「無の人類史」というテーマを設定する際の基本的な問題意識について簡潔に確認しておきたい。

私たちは、ある意味で「無」という言葉あるいは概念について、それを自明なものと考えている。「無」とは「無」、つまり「何もないこと」であって、それ以上でも以下でもなく、またそれ以上議論する余地もないものであると。

しかし第1章でも述べたように、たとえば現代の物理学では、「『無』がエネルギーをもっている。『無』が宇宙を誕生させる……。今や『無』と物理学は切っても切れない関係にある」とか、「『無』とは、実にダイナミックでエキサイティングなものだ」「『無』の不思議さ、奥深さを探究してみよう」といったことが言われるようになっている。

こうした点だけをとって見ても、「無」というものが、そう簡単には片付けられない何かを含んでいることの一端が示唆されているだろう。

このような問題意識を踏まえて、ここでは「無」及びそれと深く関連する「死」を視野に入れながら、それが人類の歴史の中でどのように展開してきたかを少し新しい角度からとらえ返し、その現代的な意味と未来に向けた展望を考えてみたい。それが「無の人類史」というテーマの趣旨である。

「無（ないし死）の人類史」のスケッチ

さて、本章での議論の展開を見やすくするために、私が「無（ないし死）の人類史」という話題に関して考えているストーリーの骨子を、まずここで簡潔に示しておこう。

生命の進化の中で「死」という現象が生まれたのは、「性」の発生と同時であるという議論がある。たとえばゾウリムシのような原始的な生物は分裂を繰り返して増えるが、その過程で遺伝子が変わることはないため、いわば同じゾウリムシがずっと生きていると見ることができる。

それに対し、多細胞生物になってオス、メスといった性が生まれると、それぞれが遺伝子を半分ずつ交換し合って次の世代の個体が生まれるので、「個体の死」ということが初めて生じることになる（この点は前章の「共生と個体化のダイナミクス」の箇所でもふれた）。

つまり「死と性」は同起源ということであり、多少文学的な表現になるが、**「生き物は〝性の歓び〟を得た代わりに、その代償として〝（個体の）死〟を手にすることになった」**と言うこともできる（こうした議論について柳澤［1997］、セーガン他［1997］等参照）。

ちなみに、同じような趣旨を含むものとして、日本神話の『古事記』の中に次のような物語がある。

天から降りてきたニニギノミコトが姉のイワナガヒメと妹のコノハナサクヤヒメという姉妹と出会うが、美しいが（花が散るように）短命な妹のほうを選んだので、その子孫は死ぬ運命になったという話である。先ほどの「死と性」の同起源ということを、古代人は直感的に理解していたのかもしれない。

ところで、こうして生命進化の中で「個体の死」というものが生まれ、やがて人類が誕生したのだが、人間にとって、比較的当初から〝耐え難い〟難題だったのがこの「個体の死」だったことは想像に難くない。人間が「コミュニティ」を作り、さらに農耕を始め、他者とのつながりやコミュニケーションが密になるほどその度合いは高まっただろう。

私は思うのだが、ここで人間は死についての〝共同幻想〟を作り、死は単なる無ではなく、「もう一つの世界」として存在すると考えるようになったのではないだろうか。いわば**死の共同化**であり、そうした異世界としての死を「共有」することで、一人ひとりの死を超えた、〝永続する世界〟を創造したのである。

しかし話はここで終わらない。第2章から述べているように、ドイツの哲学者ヤスパースが「枢軸時代」と呼んだ、紀元前5世紀前後の時代になると、インドでの仏教、中国での儒教や老荘思想、ギリシャ哲学、中東でのユダヤ思想など、現在に続く「普遍宗教」が地球上の各地で同時期に生まれた。これらは多くの場合、「空」とか「永遠の生命」等といった形で、**死や無というものを抽象的かつ普遍的な概念として初めてとらえ**、しかもそれに一定のプラスの意味を見出していった。

そして近代という時代が訪れる。そこでは「個人」が社会の前面に出るようになり、共同体

図表4-1　「無の人類史」の全体構造

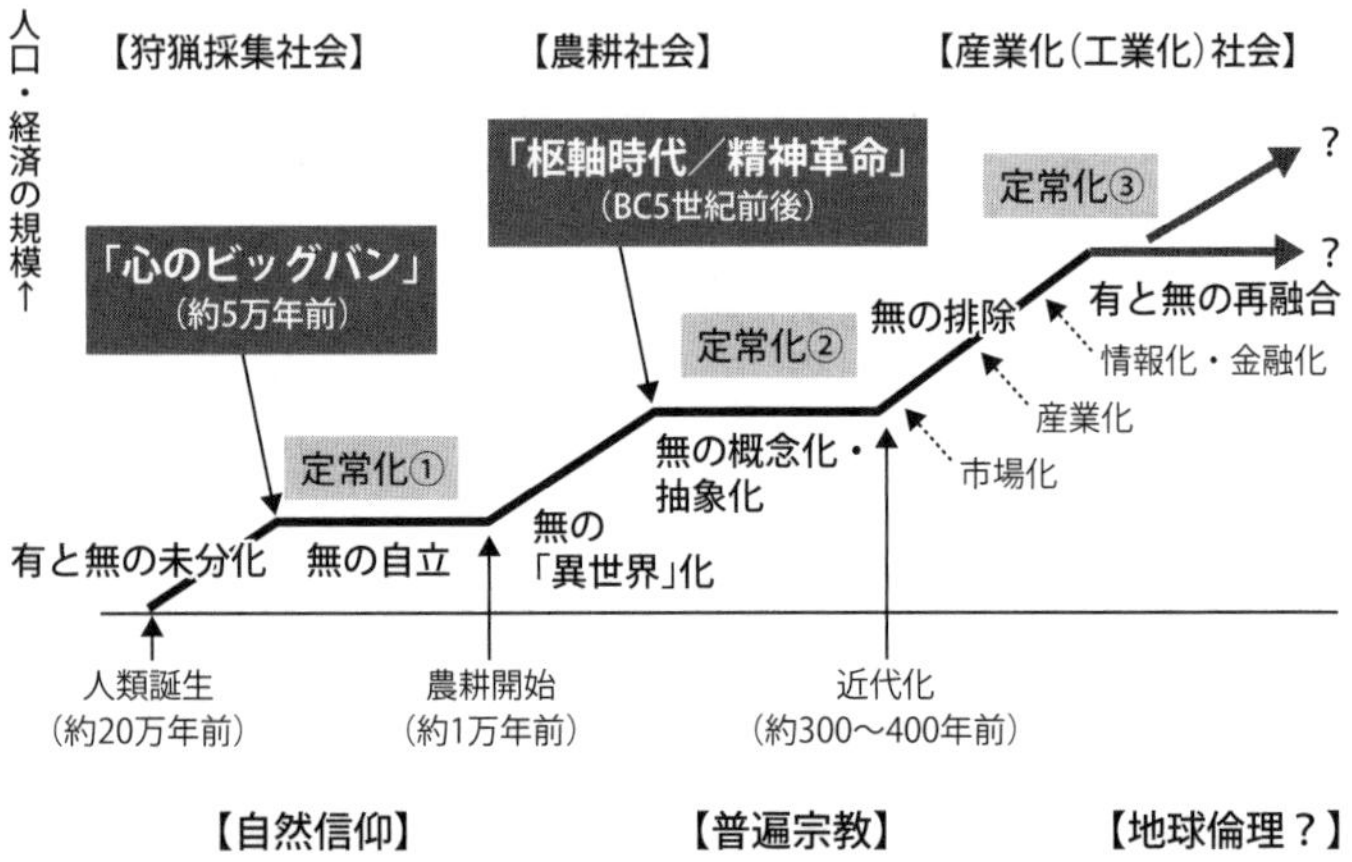

から独立して活動を行うようになった。こうして個人は大きな自由を得たが、その代償として、共有された死後の世界を失ってしまい、孤独なレベルで「死」ないし「無」に向かい合うことになった。

　思えば先ほど、生命進化の中で成立した「個体」にとって、〝性〟を得た代わりに〝死〟が不可避なものになったという点を確認したが、今度は「個人」という存在が、「自由」を得た代わりに「孤独な死とその恐怖」に直面することになった。何かを得た〝代償〟に困難な問題に直面するというその構造は、両者において共通している。

　現代はどうか。本書のイントロダクションからふれてきたように、いわゆる「シンギュラリティ」論において、アメリカの未来学者カーツワイルは、最高度に発達したＡＩと人体改造された人間が結びついて人間は〝永遠の意識〟を獲得するという議論を展開している。また第2章でもふれたハラリの著作『ホモ・デウス』において、人類にとって残された課題は「不死・幸福・神性」の三者であるとされていることも含め、〝現代版「不老不死」の夢〟が、ある種のリアリティとともに提起されているのである。

しかし私自身はこの種の議論に対して、基本的な疑問をもっている。

それは、**これらの論は、一見〝新しい〟ように見えて、実は先ほどの「近代」的な思考あるいはパラダイムを極限まで延ばしていった、その延長線上にあるものに過ぎない**のではないかという疑問である。近代的な思考あるいはパラダイムとは、簡単に言えば、コミュニティから個人（自我）を切り離しつつ、人間が自然を完全にコントロールするという思考の枠組みをいう。

そして、私はそのような方向とは異なる、ある意味で真に現代的な「無／死」についての思想を考えてみたいのだが、その作業を進めるにあたって、こうした「無／死の人類史」という思考の土台ないし座標軸が必要になってくるのである（図表4－1）。

このような話題について、以下幅広い角度から考えていこう。

「無の人類史」の始まり――有と無の未分化

あらためて確認すると、近年の研究では、私たちの祖先である現生人類（ホモ・サピエンス）は今から約20万年前にアフリカで生まれ、やがて地球上の各地に広がっていったと考えられている。そうした私たちの祖先は、サバンナのような草原を主な舞台にしつつ、当初はいわゆる狩猟採集を中心とする生活を送っていた。

第2章などで言及してきたように、農耕が始まったのは今から約1万年前のことである。小麦やイネなどの植物を主に1年という時間のサイクルの中で、かつある程度秩序立った集団的な作業とともに〝計画的〟に栽培するという生活パターンと比べれば、狩猟採集は（少なくとも農耕に対し）より「現在」中心の生活と言えるだろう。

と言っても、狩猟採集の生活は、決して単に〝空腹が生じれば身近にある木の実や小動物、魚等をつかまえて食べる〟ということに尽きているわけではない。言い換えれば、単純にその都度の「いま」ないし瞬間をただ刹那的に生きるというのではない。

たとえば、「わな」をしかけて獲物をつかまえるという行為を考えてみよう。当然、それはがむしゃらに獲物をつかまえようとして後を追うといった行為とは異なり、そこにはある種の〝迂回〟が存在している。つまりいったん欲求の充足を抑制し、いわば未来における確実な欲求（食欲）の充足を得るために、まず「わな」という手段的な道具を作り、かつその上で、獲物がそれに引っかかるのを「待つ」という、時間の流れが存在している。

いささか哲学的な議論となって恐縮だが、この時、**世界にある種の「無」が発生した、あるいは紛れ込んだ**、と言うことができるのではないか。

すなわち、わなをしかけて獲物の到来を待つという際、当然ながらそこにその獲物は存在しておらず、存在しているとすれば、それはその狩猟採集民の〝意識〟の中においてである。つまり世界あるいは知覚の中に存在しないものが、このように人間の意識の中には存在しており、それどころか、私たちの意識というものは、そうした（現に存在しない）無数の「無」に満ちており、そのことによってこそある種の安定した秩序を保っているのである。あるいはそうした無数の「無（現に存在しない何か）」とともに存在しているのが、私たちの「意識」の原初的な成り立ちなのだ。

あるいは、先ほど〝無が紛れ込んだ〟という表現を使ったが、そこでは「有」と「無」が未分化のものとして混然一体になっていると言うこともできる。

そしてそれは実質的には、ここでの「わな」の例が示しているように、「現在の欲求の充足」をただ追求するような行動様式から、いったん欲求の充足を抑制して迂回し、「目的—手段」のシステムとしての時間的秩序、つまり「未来のための現在」を生きるという行動様式への移行ということと重なっている（それが真に本格化するのは、後に見る農耕の成立をまってのことではあるが）。

「心のビッグバン」の意味――「心」の自立、「無」の自立

以上のように、人間（ホモ・サピエンス）は生まれた当初から、言い換えれば狩猟採集生活の段階から、「現在」を中心としつつもある種の時間的に秩序化された世界を生き、そこに「意識」や「無」が生成していたと言うことができるが、こうしたことが、文字通り〝明確〟な形で示され表現されるようになった大きな変化の時期がある。

それが「心のビッグバン」あるいは「文化のビッグバン」等と呼ばれる現象である。この話題は第2章でもふれたので簡潔な確認にとどめるが、それは今から約5万年前の時期で、この時期、洞窟壁画などの絵画、装飾品、工芸品といった、現代で言えば「アート」や芸術の領域に属するようなものが一気に登場した。身近なイメージとしてはラスコーの洞窟壁画のような例が該当するが、日本の文脈では、いわゆる縄文土器（あるいは関連して発掘される耳飾りや首飾りの類など）がわかりやすいケースだろう。

写真4－1は、私がよく訪れる八ヶ岳南麓――〝縄文のメッカ〟の場所の一つでもある――にある井戸尻考古館（長野県富士見町）に収められている縄文土器のいくつかだが、「現代アー

写真4-1　「心のビッグバン」のイメージ

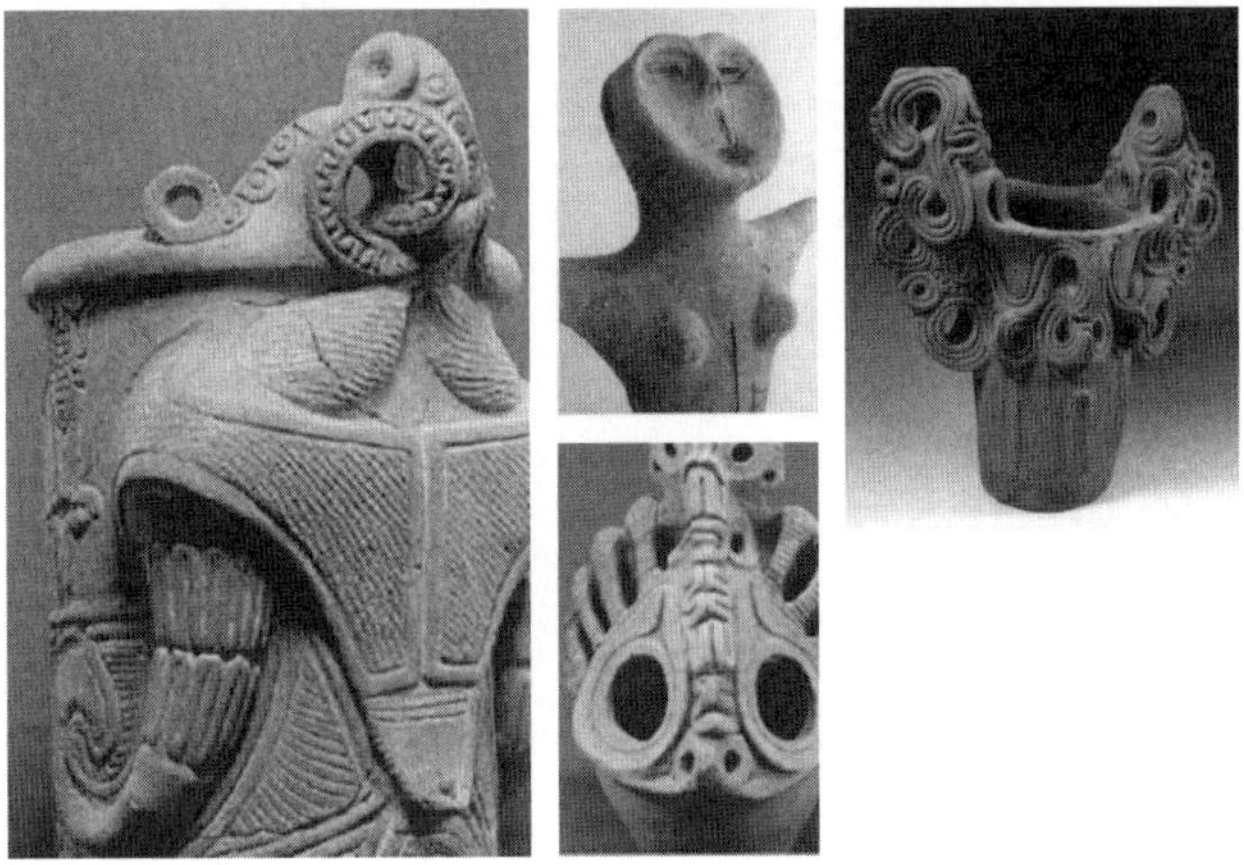

八ヶ岳南麓から発掘された縄文土器群

（出所）井戸尻考古館パンフレット。

ト」の作品と言われてもおかしくないもので、迫力に満ちている。同時に、こうした作品を作った人の「心」は一体どのようなものだったのだろうという思いを生じさせるものになっている。

ここでのポイントは、こうした作品は「実用性」という機能を超え出ているという点である。これら土器の造形や〝装飾〟は、たとえばそれを使ってお湯をわかすとか食物を煮るといった実用性とはさしあたり無縁のもので、むしろそうした機能や〝使い勝手〟という観点からは無用と言えるものだ。

しかし視点を変えて見れば、そうした実用性、あるいは「現実世界の〝利用〟」ということを超え出た何かが生まれたということが、他でもなく「心」が生まれたということとイコールなのではないか。

この点は、先ほど狩猟採集社会（の前期）における意識のありようを、「わな」という例にそくして述べた内容と対比させるとわかりやすい。「わな」をしかけて獲物を捕るという行為は、まさに「実用性」の範囲にとどまっている。そこには、「現在」を超え出る時間的な要素、また先述のように（不在のものを表象するという）「無」の要素は含まれているが、それらはなお派生的あるいは手段的なものにとどまっている。

ところが先ほどの縄文土器の作品群の場合、上記のようにそれらは実用性の範囲を超え出ていて、言い換えると（食物を食べるための）「手段」という性格を超え出ていて、いわばそれ自体――その造形や文様、あるいは創造行為を楽しむこと――が、（独立した）〝目的〟になっている。

つまりここにおいて、「心」の領域が世界から独立し、固有の価値を獲得したのである。

では、以上のことは「無」とどう関わるのだろうか。

結論から言えば、ここにおいて「無」の領域が自立、あるいは独立したと言うことができるのではないか。つまり、先ほどの「わな」の例で示されたように、「世界に現に存在しているもの」や「実際の欲求充足」のために、つまり手段的に〝そこにないもの〟を表象するのではなく、むしろそれ自体を目的として様々な〝世界にないもの〟を創造していくような営みの発生である。

具体的なイメージとしては、先ほどの写真に示した縄文土器群はいずれもそうした例と言えるだろうし、また、時折紹介されることのある、ドイツのホーレンシュタイン・シュターデル洞窟で発見された、「ライオン人間」と呼ばれる象牙製の半人半獣像のような例も、こうした〝世界にないもの〟の創造として把握できるだろう（海部［2005］参照）。

ただし誤解のないよう補足すれば、先ほど〝「無」の領域が自立ないし独立した〟と述べたのは、「無」という抽象的な観念が生まれたという意味ではない。それは（後で論じるように）人類の歴史の中ではかなりまだ後の、先ほども言及した枢軸時代／精神革命の時代においてであって、ここで述べているのは、〝世界に存在しないもの〟を人間が様々な形で作り出し、それに固有の価値を与えるようになったという趣旨である。

いずれにしても、これによって人間の「心」は、〝世界に存在しないもの〟を多く含む、言い換えれば世界から自立した固有の領域としての性格を強めていくことになった。

以上のように考えていくと、「無」の領域の自立と「心」の自立とは、互いに表裏一体の出来事であるという理解が可能になる。その意味で、**人間の「心」は「無」の領域とともに展開していった**と言うこともできるだろう。

2 死の共同化

農耕社会と「死の共同化」

ところで、ここで述べている「心のビッグバン」は、人類の歴史の中では狩猟採集社会の〝後期〟に位置する出来事である。すなわち第2章でも述べたように、それは狩猟採集社会の前半において人口や生産活動の規模が拡大していった状況が、何らかの形で資源や環境の限界にぶつかり、「物質的生産の量的拡大から文化的発展へ」と呼ぶべき転換が生じたところに生成したものだった。これは同章から述べている、人類史における「拡大・成長と定常化のサイクル」の最初のサイクルでの現象ということになる。

狩猟採集時代の後半期において、人間は南極を除く地球上のすべての大陸にまで広がっていたが、やがて西南アジア（メソポタミア）などの地域において約1万年前から食糧生産あるいは農耕が始まる。農耕の起源については様々な説があるが、大きくは環境的要因と社会的要因の複合であり、前者については、約1万1700年前に始まった完新世での気候変化が関係しているようだ。すなわち当時、地球はそれまでの最終氷期に比べて急速に温暖になり、降雨も確実に起こるようになった。

そして「旧石器時代人が頼りにしていた大型動物の群れが北方へ移動したり狩りによって絶滅したりしたため、人間の共同体はイノシシやシカ、ウサギといった小型の獲物のほか、新たに根菜や種子植物に頼らざるを得なくなった。……この試みが、ゆくゆくは本格的な農業の出現へとつらなったのである」「つまり、人口過剰圧力と気候変動に直面した豊かな狩猟採集民にとって、実行可能な唯一の選択肢は、農耕の強化と農業の開始しかなかったのである」(クリスチャン他［2016］)。

こうして農耕が始まると、それは狩猟採集段階よりもはるかに緊密な集団作業あるいは「コミュニティ」の形成・維持を伴うものであり、また、先ほど述べたように「現在」中心の狩猟採集社会に比して、作物の成長と収穫をめぐる1年のサイクルを含め、それは「時間的な秩序」、あるいは共有された世界観を強く包含するものとなる。

それは「共同主観的」な世界とも呼べるし、〝共同幻想〟とも言えるものである。そしてその中には、私たちが宗教、神々等々と呼ぶものが含まれている。

こうした点に関し、図表4-2を見てみよう。これは現代社会を「脱物質化」という特質に

図表4-2　社会ごとにみた、人間の道徳的行為に関わる創造神を信じる比率

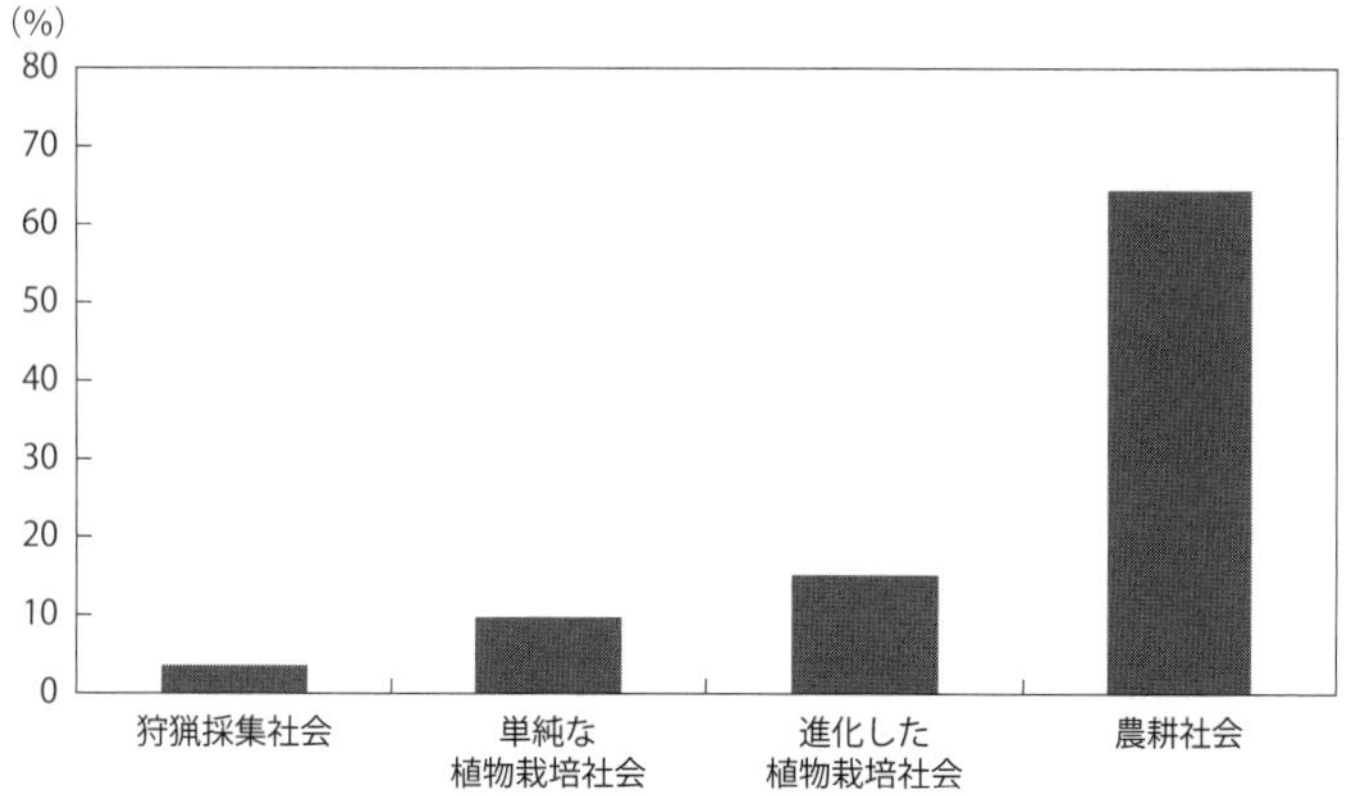

（出所）イングルハート［2019］『文化的進化論』p.66。

おいてとらえる議論などで知られるアメリカの政治学者イングルハートの近年の著作『文化的進化論』で示されているもので、「人間の道徳的行為に関わる創造神を信じる比率」を社会の性格ごとに比較したものだ（イングルハート［２０１９］）。「創造神」という言葉はある程度広く解釈してよいと思われるが、いずれにしてもこれを見ると、狩猟採集社会に比べ、農耕社会においては「神」を信じる割合が大幅に大きくなることが示されている。先ほど述べた緊密な集団的行為やコミュニティ生成の中で、神々や様々な信仰を含む共同主観的世界あるいは共同幻想が作られていくのである。

　ではそこでは「死」や「無」はどのように位置づけられ、理解されるのか。無の人類史の「スケッチ」のところで示唆したように、ここでのポイントは「死の共同化」あるいは「異世界（もう一つの世界）としての死」ということであり、それは〝彼岸〟とか〝他界〟、〝あちらの世界〟といった言葉で表されるイメージと重なっている。

日本社会の文脈から

こうした点を日本社会の文脈にそくしてとらえ返す意味で、民俗学者の柳田國男が『先祖の話』の中で述べている「田の神と山の神」という話題について見てみよう。

柳田によれば、「春は山の神が里にくだって田の神となり、秋の終わりにはまた田から上って、山に還って山の神になるという言い伝え、これはそれ一つとしては何でもない雑説のようであるが、日本全国北から南の端々まで、そういう伝えのない処のほうが少ないと言ってもよいほど、ひろく行われている」という（柳田［1990］）。

言うまでもなく、稲を作る場所としての田は人々にとっては「生命／生活」を支える文字通り生命線であり特別の場所であった。そこで、「農民の山の神は一年の4分の1だけ山に御憩いなされ、他の4分の3は農作の守護のために、里に出て田の中または田のほとりにおられる」のである。

柳田はさらにこうした神（田の神と山の神）を、正月に祭る「年の神」でもある先祖（の霊）、すなわち死者たちの霊と結びつけ次のような印象深い一節を記す。

我々の先祖の霊が、極楽などに往ってしまわずに、子孫が年々の祭祀を絶やさぬ限り、永くこの国土の最も閑寂なる処に静遊し、時を定めて故郷の家に往来せられるという考えがもしあったとしたら、その時期は初秋の稲の花のようやく咲こうとする季節よりも、むしろ苗代の支度に取りかかろうとして、人の心の最も動揺する際が、特にその降臨の待望まれる時だったのではあるまいか(柳田前掲書)。

ここで柳田が「極楽などに往ってしまわずに」と述べているのは、仏教の他界観ないし死生観をさしてのことである(正確にはそれは仏教そのものではなく、その世俗化ないし習合化された次元であるが)。つまり「死」や「神」が理念化され、それらは私たちの生きるこの時空を文字通り〝超越〟した場所に存在するというのが、(後ほどあらためて整理する)仏教やキリスト教などの普遍宗教の到達した世界観であった。「極楽などに往ってしまわずに」という言い方は仏教僧が聞いたら苦笑するような表現だが、いずれにしても柳田がここで光をあてようとしているのは、そうした(仏教やキリスト教の)死生観のより根源にある層であり、より具象的な「神」や「死」(や死者たち)のかたちを伴った、私たちの世界観や死生観の基層である。

それは「無（ないし死）の人類史」ということでの座標軸にそくせば、そこでいみじくも田や稲作ということが主たる話題になっているように、農耕社会（の前半期）における死あるいは死生観ということと重なっている。

一方、現代の視点から見れば、都市化ないし工業化、あるいは高度成長期をへた後の私たち日本人にとって、柳田の以上のような記述は、ほとんど身近な接点のない、遠い世界の話のように響くだろう。けれども現在の日本において、こうした世界観や「感覚」が、あらゆる場所において全く失われているかというと、必ずしもそうではない。

心象図法というユニークな手法を使って、住民参加型の「ふるさと絵屏風」の制作という試みを全国各地で行っている、地域文化学が専門の上田洋平さんという研究者（滋賀県立大学講師）がいる。彼が取材した、琵琶湖の湖岸で漁業を営むある漁師は、自らの死生に関して次のように語ったという。

私はここで生まれ、ここの水を飲み、ここの食べ物を食べて、ここで育ち、ここの人々の間でこのような役割を担い、ここで老い、やがてここで死ぬでしょう。死んだら先祖に仲間入りして、盆には家族に迎えられ、そのうち氏神になり、そして自然と一体になる。それが私、ここが私の在所です。

写真4-2　ふるさと絵屏風

神奈川県葉山町のもの

（出所）葉山ふるさと絵屏風継承会のFacebookホームページ。

この言明の中の「死んだら先祖に仲間入りして、盆には家族に迎えられ、そのうち氏神になり」という部分は、先ほどの柳田國男の記述とそのまま一致しているだろう（ちなみに写真4-2は上田氏のオリエンテーションを受けて地域住民の方々が制作した「ふるさと絵屏風」の一例）。

そして、私がここでさらに考えてみたいのは、こうした「死生観／世界観」は、必ずしも〝不合理〟なものあるいは〝幻想〟ではなく、実はある種の合理性と「リアリティ」をもった論理でもあるという点だ。

死の共同化における「リアル」と「バーチャル」の交差

つまり、先ほどから（農耕社会における）「死の共同化」あるいは「異世界（もう一つの世界）としての死」というテーマについて述べているのだが、それは〝共同幻想〟という（バーチャルな意味合いの）言葉では片づけられないような、「リアル」な実質をもっているのではないかという点である。

それは、次のようなシンプルな事実に関することである。

すなわち、もしも私の子孫（またはそれに相当する人）が、私の死後も、たとえばお盆などの一定の時期に、私を〝迎える〟意味合いで何らかの行為や儀式のようなことを継続的に行ってくれるとしよう。そうした場合、私の死後に私の「意識」（あるいは「魂」云々と呼ばれるような何か）が存在し続けるかどうかはさておいて、私の死後も誰かがそのような行為を行うということ自体は、（未来の事象ではあるが）幻想でも何でもなく「リアル」なことである。

したがってその限りでは、上記の漁師の方の言葉にもある「盆には家族に迎えられ」ということは、死後の話ではあるけれども、単なる〝共同幻想〟ではなく、むしろ「現実」の領域に属する内容だろう。もう少し正確に言えば、そうした（死者を迎えるという）行為を行うということ自体が、共同体における一定の「合意」ないし「相互承認」に基づいたものであることに着目すれば、いわばそれは**個々人の生死を超えて存在する、〝共同幻想〟でありつつ〝共同現実〟なのであり、そこでは「リアル」と「バーチャル」が交差ないし融合しているという**こともできる。まさに「現実」とは〝脳が見る共同の夢〟なのだ。

もちろん、それが「リアル」であるための条件は、他でもなく〝実際に〟子孫などがそうした行為を（継続して）行ってくれるかどうかという点にかかっている。だからこそ、先ほどの柳田國男の文章でも「子孫が年々の祭祀を絶やさぬ限り」ということが〝条件〟として言及されていたわけだ。

つまりここでの死や無をめぐる世界観あるいは「死の共同化」は、そうした世代間のバトンタッチあるいは「世代間継承性」によって支えられているのである。その意味において、それは（キリスト教などでも言われる）〝生者と死者の共同体〟と呼びうるものに通じる。

しかもそれは、単に「人」と「人」の間の関係性にとどまらず、あるいは世代間の継承性ということだけでなく、それを取り囲む**自然や風景、地域の風土**などを含むものだろう。

すなわちたとえば、私の死後に子孫あるいは私を知る人が、ある場所でお盆に迎えに来てくれる（あるいは思い出してくれる）という、その情景を私がたしかに思い浮かべることができるならば、**私はいわばその風景の中に〝溶け込み〟、人々やコミュニティ、自然や風土とともにその場所に存在し続けるという、確信をもつことができる**のである。先ほどの琵琶湖畔の漁師の言葉に象徴されるように。

……以上が、農耕社会における「死の共同化」あるいは「異世界としての死」という表現で私が述べようとしている内容となる。しかしながらそうした死生観ないし世界観は、現代の社会においてはほぼ失われていると言ってよい。

それはある意味で根拠のあることであって、先ほど述べたように、「死の共同化」の土台あるいは前提となるような世代間の継承性（お盆などの行事を含む）や、地域の自然や風土、「場所」とのつながりといったものを、現代人はほとんど失いつつあるからである。

しかしながら、そうした〝喪失〟が生じたのは、実は決して現代が初めてではない。

つまり、ここでは農耕社会ということを論じてきているのだが、農耕つまり食糧生産の開始はやがて人口や生産ないし経済活動の「拡大・成長」につながっていった（それは人類史における〝第二の拡大・成長〟のサイクルに重なる）。そしてその拡大・成長のプロセスの中で、都市が生まれ、並行して文字や法制度、国家などが生成していくとともに、社会の階層化や身分秩序が形成されていき、これらのプロセスにおいて、私たちが〝牧歌的〟なイメージで想定するような農耕社会は大きく変容し、世代間継承性のあり方やコミュニティ、そして人間と自然や風土との関係も変質していった。

そうした流れにおいて生成したのが、他でもなく紀元前5世紀前後の枢軸時代／精神革命における普遍思想ないし普遍宗教と、そこでの「死」や「無」についての観念の革新だった。その内実を以下において見ていこう。

3 無／死の概念化・抽象化

枢軸時代／精神革命における「無」の概念化・抽象化

本書の中で幾度かにわたって言及してきた話題だが、今から2500年ほど前の紀元前5世紀前後の時代において、現在に続くような普遍的な思想ないし普遍宗教が、地球上のいくつかの場所において〝同時多発的〟に生成した。インドでの仏教、中国での儒教や老荘思想、ギリシャ哲学、中東での旧約思想（ユダヤ思想）などであり、それをドイツの哲学者ヤスパースは「枢軸時代」と呼び、日本の科学史家の伊東俊太郎は「精神革命」と呼んだのだった（ヤスパース［1964］、伊東［1985］）。

そして、ここでの私の基本的な主張は、この枢軸時代ないし精神革命の特質は、内容は異なりつつも、**人類の歴史において初めて、何らかの形で「無」（ひいては死）というものを抽象的な概念としてとらえ、**しかもそれに一定のプラスの意味を見出していったことにあるのではないかという点である。

このように記すと、読者の多くの方々にとってはやはりまず仏教における「空」の思想ということが想起されると思われるし、この後の記述でもそれを取り上げたいと思うのだが、ここでは、それについての歴史的な記述に入る前に、この「無」や「空」そして「死」をめぐるテーマについての、私自身のこれまでの思考の歩みの一部について記すことを議論の手がかりとさせていただきたい。

いささか個人的な述懐めいて恐縮だが、私は30代後半の頃、死生観をめぐることがらについていろいろと悩むことが多く、人生の中でもかなり精神的に厳しい状況にあった。そうした中で、あれこれ考えていった末にいったん到達した結論が、死とは「有でも無でもない何か」であるという考えだった。

「有でも無でもない何か」とは少々わかりにくく聞こえると思うが、それはさほど難しいことではない。考えてみれば、私たちが認識しているこの世界のすべてのものは、次のような意味で〝相対的な有〞と〝相対的な無〞と言えるのではないか。

ここで若干の「思考実験」にお付き合いいただきたい。

たとえば、私がいま目の前のテーブルの上にあるコーヒーカップを見ているとしよう。コーヒーカップは私の前に確かに存在している。けれども、そのようにコーヒーカップを私が認識しているというとき、私は実際には私のほうには見えないカップの「裏側」もまた、確かにそこに存在していると了解している。それどころか、そうしたコーヒーカップの、現在は見えない背面が当然に存在しているということがあって初めて、それは「コーヒーカップ」という物として認識されるのである。

このように考えていくと、私たちが生き認識しているこの世界は、「有」に満ちているのではなくて、むしろそこにはいわば無数の「無」が介在しており、しかもそうした無数の「無」によってこそ、世界はある安定した秩序を保って存在していると考えることができるだろう。

しかも、その場合の「有」は次のような意味で「相対的」なものである。たとえばコーヒーカップが視覚像として「白く」見えるのは、背後にあるテーブルの薄茶色との対比において、あるいは部屋の明かりや照明との関係において初めてそうなのであり、これは色彩に限らず最終的にはすべての属性について言えることである。つまり他との関係や対照をまって初めて浮かび上がるという意味で、「有」そのものもまた「相対的」である。

したがって以上を踏まえると、先ほどふれたように、私たちの生きている世界は〝「相対的な有」と「相対的な無」の入り混じった世界〟であると言うことができる。

そしてここまで考えてくると、次のような、ある意味で常識破壊的な見方が可能となる。それは、**「もしも『絶対的な有』というものが存在するとしたら、それは究極において『絶対的な無』と一致するのであり、**それがすなわち死ということではないか」という考えである。

つまりいま述べたように、他との関係や無数の「無」の存在によって成り立っているのが私たちの生きるこの世界である。だとすれば、もし「絶対的な有」――「純粋な有」と言ってもよいかもしれない――というものがあるとすれば、それは他とのいかなる関係性や属性ももたず、自己完結的に「すべて」であるような何かである。ならばそれは「絶対的な無」あるいは「純粋な無」と一致するのではないだろうか。そして、そのような「絶対的な有＝絶対的な無」こそが、他でもなく「死」ということであると考えられるのではないか。

整理すると、私たちは通常、

生＝有

死＝無

というふうに考えているけれども、しかしそうではなく、

生　＝〝「相対的な有」と「相対的な無」の入り混じった世界〟
死　＝　絶対的な無　＝　絶対的な有

という把握がここでの結論となる。

したがって、死は私たちが通常考えるような意味での「無」ではない。それは私たちがふつう言うところの「有」と「無」のいずれをも超えた何かではないか。

有と無の根源にあるもの

以上は私自身のある時期の思考の歩みに沿ったもので、それは『ケアを問いなおす』や『死生観を問いなおす』といった拙著の中でも述べた内容である（広井［1997］、同［2001］）。そして、こうした「有でも無でもない何か」という把握は、言うまでもなく仏教とつながってくる。

すなわち、ブッダないしゴータマ・ブッダ（正確な生没年については議論があるが、いずれにしても紀元前5世紀前後に生きた人物）の説いた教説ないし原始仏教においてすでに「無常」や「空」の概念は登場するが、2－3世紀頃にいわゆる大乗仏教を理論的に大成させ、特に「空」についての理解を深化させた人物として龍樹（ナーガルジュナ）がおり、彼がまさに先ほどの「有でも無でもない何か」ということを論じていることを私はかなり後になって（遅ればせながら）知った。

龍樹は主著『中論』の中で、たとえば「ニルヴァーナ（涅槃）は有でも無でもない」と言っており、それは「非有非無」の思想と呼ばれる（中村［2002］）。自分が模索の中で辿り着いたことを、はるか2000年近く前にすでに考えていた人物がいるということは私にとっては純粋な驚きだった。

しかし一方、私自身はこの「有でも無でもない何か」という概念的把握には、何か足りないものを感じ、やがて「自然のスピリチュアリティ」という発想に至ることで自分の中での大きな節目に達した。ここで「自然のスピリチュアリティ」とは、第2章で「鎮守の森」などにそくして述べた「自然信仰」とつながるもので、「自然そのものの中に有と無を超えた何かが含まれている」という考えを指している（広井［2003／2015］参照）。

言い換えれば、「有でも無でもない何か」という概念的把握に私が「何か足りないもの」を感じたというのは、（仏教に限らず）枢軸時代／精神革命の時代の諸思想が、世界の根底にある「自然（信仰）」の次元から〝切断〟されているという点に関わっている。それが第2章で述べた「地球倫理」での「（世界の）根底にある自然信仰を積極的にとらえていく」という考えにもつながるのだが、こうした点については後にあらためて立ち返りたい。

老荘思想及び中国仏教における「無」

さて、ここでは枢軸時代／精神革命の時代において「無」というものが抽象的かつ普遍的な概念として初めてとらえられたという議論を行っているが、中国の場合はどうだったか。

読者の中には、こうした文脈で、いわゆる老荘思想の「無」の概念を想起する人が一定以上いるだろうし、実際ここで取り上げたい話題もそこにある。そして、ここで自ずと浮かび上がる疑問は、〝では仏教における「空」と、老荘思想における「無」とはどこが違っていて、どこが共通しているのか？〟という、ある意味で素朴かつ根本的な問いだ。

このテーマを主題的に論じている優れた書物はいくつか存在するが（たとえば森［2003］、立川［2003］）、一つのポイントは、中国において仏教、とりわけその根本思想である「空」が理解される際に、他でもなく老荘思想における「無」が導きの糸として参照されたという点である。そして、およそ思想や観念というものが地球上の異なる場所に伝播する際に常にそうであるように、中国人は仏教の「空」を中国の文脈に引き寄せる形で理解したのである。

こうした事情について、宗教学者の立川武蔵氏は『空の思想史』の中で次のように述べている。

そもそも中国に仏教が導入される「伝来の時代」には、この異国の思想を中国人たちは、それまで自分たちが接したこともないような斬新な思想あるいは文化として受け入れるというよりは、老荘思想の「無」に近いものとして受け入れたのである。老荘思想においては、この世界を成立させている根元的な存在が許されている。それは形もなく、色もなく、触れることもない等の理由によって、しばしば「無」と表現された。**「無」とはいうが、それはインド中観派が考えたような「空」あるいは「無」ではなく、むしろ現象世界のさまざまな変化を生じせしめる根底としての有力なもの**であった。このような古代中国の「無」の考え方は、中国仏教における「空」の理解に対しても大きな影響を与えた（立川［2003］。強調引用者）。

立川氏のこの著作は、比較思想的な視点を含む形で議論が展開されていて興味深く、その解説文には、「インド仏教がその核心として生んだ『空の思想』は絶対の否定の果てに、一切の聖なる甦りを目指す。やがてこの全否定の思考は、チベット・中国・日本への仏教東漸の中で、『世界を生み出す無』『真理としての空』という肯定色を強めていく」という、印象深い一節がある。後の議論ともつながる点でもあるので、日本までも含めた立川氏の指摘をもう少し見てみよう。

例えば、桜の花はすぐに散ってしまうものであるがゆえに、色・形ある桜の花のようなものに執着するな、というように古代のインド仏教は説いたことであろう。しかし、日本人は、桜の花は散るから美しいと考える。無常なところに美しさがあるのであって、無常なままの桜の姿が真実を表しているのだと考える。（中略）

このような「空」の意味の変化は、インド後期仏教、特に密教の時代において見られたのではあったが、中国および日本において特に顕著である。……**日本では、自然の中のそれぞれのものにある種の命が宿っているというアニミズム的な考え方が古代からあり、今日においてもそのような考え方は生きている。**……最澄、空海、道元、さらには井上円了といった日本仏教の指導者たちの考え方も、今述べた日本人の自然把握と無関係ではない。彼らは**日本的アニミズムの伝統を受け継ぎながら、「空」の否定的側面を充分に意識しつつ、「色」つまり現象世界が元来聖なるものとしての価値を有すると考えてきた**のである（立川前掲書。強調引用者）。

まさにその通りと思えるような内容であり、この話題は、第2章で述べた「風土と宗教」というテーマとつながり、日本における神仏習合という展開とも関連する。また何より、先ほど私自身の死生観に関する模索の中で行き着いた「自然のスピリチュアリティ」という世界観とつながり、さらにその延長で「地球倫理」をめぐるテーマとも重なる。

これらの展望はさらに考えていくとして、いま問題にしている、枢軸時代／精神革命の時代の中国における「無」という主題をもう少し見ておこう。

上記の議論にすでに含まれているように、老荘思想においては「無」が（「道」とともに）中心概念の一つとなり、「無」はポジティブな価値をもち、「道」の概念とともに万物がそこから生成する根源のようなものとして把握された。

またここでは深入りしないが、ある意味で老子以上に透徹した議論をユーモアを交えた筆致とともに展開したのが荘子であり、その「万物斉同《ばんぶつせいどう》」論、つまり生と死、夢と現実、美と醜、人間と自然、有と無などをすべて相対化する視点は、現代のエコロジーにも通じるような世界観を示している。

生と死に関して言えば、『荘子』には「人々が死を恐れにくむのは、おさなくして故郷を喪い、帰ることを忘れた人と同じではないか」という一節があり、〝帰っていく場所としての死〟と呼ぶべき思想が展開されているが、これらを含めて荘子は「死の哲学」を説くものという見解もある（森［2003］）。そしてこれら老荘思想は、もっとも中国的な色彩の強い仏教として中国で生成した「禅」に大きな影響を与えたのである。

この場合、枢軸時代／精神革命期の中国において展開したのはもちろん老荘思想のみではなく、孔子に代表される儒教がやがて中心的な流れを形成していくことになった。こうした当時の中国の思想状況の全体的な文脈においてとらえるならば、ごく大づかみな把握となるが、孔子の儒教が「都市の論理」を象徴するものとすれば、これら老荘思想はそれに対する「自然、共同性、根源への志向」といった方向を体現する思想であると言えるだろう。

つまり、振り返れば枢軸時代ないし精神革命の時代とは、中国が現にそうだったように、農耕社会が進展してそこに都市文明も生まれ、人口増加や「開発」も進む中で森林の枯渇や土壌の浸食といった環境・資源の限界が顕在化するという、ある意味で現代に通じるような時代だった。

当然そこでは「都市、個人、自然支配」という方向のベクトルと「農村、共同体、自然との共生」というベクトルの対立や葛藤が（現代と同じように）生まれる。単純化して言えば、儒教と老荘思想とは、この二つのベクトルのそれぞれを象徴する思想であり、「積極的な作為 vs 無為」という対比において、各々が「有」「無」の志向に呼応するとともに、人間が元来もっている二つの志向を体現するような、ある意味で補完的な存在だったとも言える。

いずれにしても、このような形で枢軸時代／精神革命期の中国における「無」をめぐる思想は展開したのである。

ギリシャにおける自然と「生成／存在」

枢軸時代／精神革命における様々な思想の生成を、「無」という視点からとらえ返すというここでの議論において、インド、中国に続いて取り上げたいのは古代ギリシャである。

大きな把握として、ギリシャにおいて、たとえば仏教の「空」のコンセプトに匹敵するような、「無」に関わる中心概念が展開したとは言えないだろう。しかし現代の自然科学における「無」と深く関連する「真空」あるいは「空虚」に相当する観念やそれを含む自然観が、いわゆる（デモクリトスらの）原子論とともに生成したことにここでは注目してみたい。しかも、そこに至るギリシャの自然哲学の展開は、そのまま現代に通じるような興味深いテーマや課題を多く含んでいる。

議論を駆け足で進めることになるが、第2章の「地球倫理」の箇所での「宇宙的神話から哲学的宇宙論へ」という文脈で言及したように、古代ギリシャにおける哲学の展開の端緒となったのが、小アジア（現代のアナトリア半島）の西部に位置するイオニアの植民地のミレトスという商業都市で発展した、「イオニアの自然学」と呼ばれる一連の思想の系譜だった。

そこでは、この世界の全体の「始原（アルケー）」あるいは根源にあるものは何かという問いが提起され、それを軸にして様々な議論が展開された。哲学史の教科書などでもよく言及される点だが、最初にミレトス学派の開祖とされるタレスが、万物の根源にあるのは「水」であるとしたわけだが、ここでの「水」は、現代の自然科学的な意味での「H_2O」というより、もう少し理念的な意味のものとしてとらえたほうがよいだろう。

そして生命あるいは宇宙のこうした「始原」をめぐる議論が、タレスの「水」に続いて、アナクシマンドロスの「無限定なもの（ト・アペイロン）」、アナクシメネスの「空気（アーエール）」といった具合に展開していくわけだが、ここにおいて、先ほども言及した原子論に至る道をある意味で必然化させる契機となったのが、こうした一連の議論に対する（南イタリアの植民都市エレアの）パルメニデスの批判だった。

パルメニデスの議論は、以上のようなイオニアの自然学の「生成（becoming）」の哲学に対して「存在（being）」の哲学と言われることがある。彼は「あるものはあり、あらぬものはあらぬ」という（同一律と呼ばれる）原理を前面に唱え、それに矛盾しない、不変不動、不生不滅の一者たる「あるもの（ト・エオン）」のみが存在するとした。そして、イオニアの自然学における「変化」や「生成」、「運動」はそれに論理的に矛盾するとして、根本的な批判を加えたのである（伊東［2008］参照）。

パルメニデスの弟子ゼノンが行った、〝アキレスと亀〟などの「ゼノンのパラドックス」はよく知られている話であり、論理を徹底すれば変化や運動といったものは不可能とされる。つまりパルメニデスやゼノンの立場からすれば、イオニアの自然学における生成や変化、運動は、私たちが感覚や印象にとらわれるために生じる現象レベルのことがらであり、真に存在するのは上記の「あるもの（ト・エオン）」のみということになる。

これはある意味で正当な主張とも言え、また、ここで一つの軸となっている「生成（イオニア自然学）vs存在（パルメニデス）」というテーマは、先ほど仏教における（龍樹の）「空」をめぐる議論にそくして述べた、「有でも無でもない何か」という概念（に対する私自身の不満）という話題ともつながる部分がある。それは〝動的（ダイナミック）〟な世界観（＝生成）と〝静的（スタティック）〟な世界観（＝存在）という対照ともつながる内容のものだ。

原子論と「空虚」

いずれにしても、このパルメニデスら（エレア学派とも呼ばれる）の批判を前にして、タレス以降のイオニア自然学の思想の流れは大きな〝危機〟を迎えることになり、そして興味深いことに、そのことが「原子論」へと至る新たな展開を引き起こすことになるのである。

駆け足で確認すると、最初に現れたのは「多元論者」と呼ばれる人々であり、エンペドクレスは（火、空気、水、土の）四つの元素が結合したり分離したりすることでこの世界の様々な現象が生じるとし、アナクサゴラスはそれに代えて無数の「万物の種子」を主張した。要するに、

（パルメニデスらの批判に応える意味で）それ自体は不動不変の要素のような存在を立て、その離合集散によって変化や生成が生じるという論を展開したのである。

このような議論の方向を推し進めていくと、ある意味でそれが必然的に「原子論」の主張ないし世界観にまで行き着くことは、現代の私たちにとっても見えやすいことだろう。実際、レウキッポスやデモクリトスといった論者が提唱したのは、以上のような四元素や万物の種子よりもさらに根本にある、それ自体は全く同質で不可分な「原子（アトマ）」であり、それがいわば万物の究極の構成要素であって、それが様々に組み合わさることで世界のあらゆる事物や現象が生じると論じたのである。

思えばこれは、ある意味で先ほどのパルメニデスの「あるもの（ト・エオン）」を、全く異なるかたちで再定義した内容とも言える。

しかも同時に原子論者たちは、原子と原子の間には、原子の運動を可能にする「空虚（ケノン）」が存在するとした。これは先ほども少しふれたように、近代科学における「真空」や「無」につらなるコンセプトである。

科学史家の伊東俊太郎は、以上のようなギリシャの自然哲学の展開やその歴史的背景を明晰に再構成しつつ、「自然における擬人主義の排除にはじまったイオニアの知的運動は、この自然の原子論化において頂点に達した。われわれはここに、タレスによりはじめられた思想革命のひとつの究極的結論をうる。17世紀における近代科学は、ボイル、ガリレオ、ニュートンらとともに、ふたたびこの結論から出発する」と述べている（伊東［2008］）。

ユダヤ・キリスト教の場合——「永遠の生命」

以上、「無の人類史」という大きな視座の中で、紀元前5世紀前後の「枢軸時代／精神革命」期を、「無」が抽象的・普遍的な概念として初めてとらえられる時代として把握しつつ、インド、中国、ギリシャと見てきたわけだが、最後に中東における旧約（ユダヤ）思想と、そこから展開したキリスト教について一瞥し、その上で総括的なまとめを行ってみたい。

さて、先ほど仏教について見た際、ブッダ自身の言説とその周辺にそくした原始仏教のみならず、紀元2-3世紀頃に龍樹によって確立された大乗仏教の「空」概念に注目したのと同様に、ここでも特に焦点をあてたいのは、旧約思想から出発しつつそれを大きく転回させていったイエスによるキリスト教の思想であり、とりわけ「空」との対比において注目したいのが、そこでの「永遠の命（生命）」というコンセプトである。

最初に確認すると、新約聖書にはこの「永遠の命（生命）」がたびたび登場する。たとえば、

神は、その独り子をお与えになったほどに、世を愛された。独り子を信じる者が一人も

滅びないで、**永遠の命**を得るためである。（ヨハネによる福音書3：16）
わたしの父の御心は、子を見て信じる者が皆**永遠の命**を得ることであり、わたしがその人を終わりの日に復活させることだからである。（同6：40。以上、強調引用者）

といった具合である。この「永遠の命（生命）」は、ある意味でキリスト教の核心にある概念と言ってもよいだろう。

ちなみに「永遠の命」は、聖書の英語訳では〝eternal life〟であり、また聖書本来のギリシャ語では「永遠」は「アイオーン」、「生命」は「ゾーエー」である。この「アイオーン」や「ゾーエー」という言葉ないし概念については、これまでも多くの議論がなされてきており、特に前者の「アイオーン」に関しては、拙著『死生観を問いなおす』でも一定以上の考察を行った（広井［2001b］）。

そして、本章での関心にとって重要なことは次の点にある。それは、ここでの「永遠」というのは、決して単に〝時間がずっと（長く）続くこと〟という意味ではなく、むしろ〝時間そのものを超え出ていること〟あるいは「超・時間性」ということを意味するという点だ。

言い換えれば、私たちが生きている、この現世的な時間の流れそれ自体を超越しているということであり、それが〝救済〟の先にある、絶対的な――福音あるいは至福に満ちた――場所なのである。その意味では、それはこの世界の内部における「生と死」あるいは「有と無」の対立そのものを超えた、究極の何かと言ってもよいだろう。

以上のように記していくと、実はこのようにしてキリスト教が最終的に目指す場所が、先ほどの仏教の場合の「空」と、どこか通じる面があるのではないかという問いが、自ずと生じると思われる。

つまり、かりにその内容はある意味で一見〝真逆〟のように見えるとしても、少なくとも両者(「永遠の生命」と「空」)は、①この世界における時間の流れや生・死を超え出ているという点、そして②それが何らかの意味で目指すべき場所であり、プラスの価値をもった何かであるという点において共通している(広井［2001b］参照)。

こうした点に関し、仏教の意味について仏教学者の水谷幸正氏は次のように述べている。

初期ないし原始仏教において、人間は死への存在であることを強調しており、死は必然であり普遍であることを心底に受容することが仏道への第一歩であった。かの浄土宗第二祖聖光上人が「八万四千の法門は死の一字を説く」(『一言芳談』)と述べているのはあながち誇張ではない。仏教は、大小乗を問わず、宗派の如何にかかわらず、死の教えであるといってよい。……大乗仏教においては、この生死についての究明が教義の中軸になっている。そして、**生死を超えた不生不滅のいわば永遠の生命観**を確立した（水谷編［1996］。強調引用者）。

以上の文章の最後にある「生死を超えた不生不滅のいわば永遠の生命観」というものは、その究極的な内容において、キリスト教での「永遠の生命」とつながるものだろう。

「無」の概念化とその多様性――枢軸時代／精神革命期の諸思想の比較

以上かなりのページ数をさいて、枢軸時代／精神革命期に地球上の各地――インド、中国、ギリシャ、中東――で生成した普遍思想ないし普遍宗教を、特に「無」（や「死」）の抽象化・概念化という視点からとらえ直してきた。その全体的な内容を簡潔にまとめると図表4‐3のようになる。

ここでの主題たる「無／死」については、それをもっとも明確に概念化したのは仏教とキリスト教（「空」と「永遠の生命」）であり、その背景には、両者が共通にもつ現世否定（現世を超え出ること）への志向がある。

ただしその方向は両者において対照的であり、前者（仏教）は〝宇宙原理〟とも呼ぶべき「内在の極」への志向、後者（キリスト教）は〝超越者原理〟とも呼ぶべき「超越の極」への志向

図表4-3　枢軸時代／精神革命における「無」の概念化・抽象化とその比較

	関連する基本概念	現世への態度	思想の性格	風土的背景	
インド：仏教	「空」	現世否定（苦）	"宇宙原理"	森林	内在の極
中国：老荘思想	「無」	現世肯定	"人間原理"	中庸	↕
ギリシャ：自然哲学	「空虚」（原子論）				
中東：ユダヤ・キリスト教	「永遠の生命」	現世否定（罪）	"超越者原理"	砂漠	超越の極

によって特徴づけられる。そしてその根底には、第2章の「地球倫理」のところでも述べたような、「森林」「砂漠」という、地球上の風土的環境の相違が働いていると思われる。

一方、中国の老荘思想やギリシャの原子論における「真空」も、「無」に独自の位置を与えたと言え、しかも両者は現世肯定的な志向において共通している。前者は中国（ひいては日本）における仏教の受容にも影響を及ぼし、後者は近代科学に続く道を開いた。

そして以上のように、**その中身は（それらが生まれた地域の風土的環境を反映して）互いに異なる、多様なものでありつつも、全体としては、「無」（そして死）が何らかの意味で抽象的な概念として把握されるに至ったのが枢軸時代／精神革命の特徴**と言えるだろう。

ではなぜそうしたことがこの時期に起こったのか。それは、この時代が人類史の中でどのような位置にあるかという点に求められる。

第2章から述べてきているように、枢軸時代／精神革命とは農耕社会・後半期に起こった出来事であり、すなわち約1万年前に農耕ないし食糧生産が始まった後、人口や経済が拡大していくとともに、その拡大の途上で「都市」が生まれ、文字や法制度、国家などが生成していくと同時に、社会の階層化や身分秩序も形成され、また異なる民族間での紛争も多発していた時代だった。

そうした都市化された文明という時代状況においては、先ほど農耕社会における「死の共同化」のところで述べたような、具体的な自然ないし風土とのつながりやコミュニティ的紐帯、あるいは共同体での世代間継承性といったものは希薄化していく。その結果、それに代わって抽象的な観念ないし概念が、普遍性をもつものとして、人々の間のコミュニケーションの中で生成していく。

一言で言えば「個別の共同体や具体的事物を超えた普遍的な観念の生成」ということであり、抽象化された概念としての「無」や「死」なるものは、このような状況において生まれたと考えられるのである。

しかし逆に見れば、それまでの時代においては、無や死は（自然あるいは世界における）具体的な事象あるいは〝異世界〟とともに存在していた。したがって逆説的にも、このように無や死の抽象化・概念化が進んでいけば、やがてそれは単なる「観念」となり、〝ない〟と思えば〝ない〟ものになっていく。

あるいは、概念化された無や死のもつ実質的な意味を、実は根底において支えていた共同体的な基盤や自然とのつながりが希薄になっていけばいくほど、個人は〝空虚な無としての死〟に孤独な形で向かい合うこととなり、それは「自我」にとっての根源的な〝脅威〟となっていく。

他でもなくそれが起こったのが、私たちが生きる近代という時代であり、それは「無（ないし死）の排除」という点において特徴づけられる。

そしてその極北に位置するのが、本章の冒頭でもふれたカーツワイルやハラリの議論であり、それはテクノロジーと一体となった〝現代版「不老不死」の夢〟とともに、人間が世界ないし自然をすべてコントロールし、いわば〝世界を「有」のみで埋め尽くす〟ような世界観である。いま私たちはそれを乗り越える思想を構想すべき時期に来ている。

本章では、「無の人類史」という主題を設定し、無や死というものを人類がとらえてきた歩みを再構成するとともに、現在の私たちが置かれている状況への一瞥を行った。この先に開けるものとして、私自身は「有と無の再融合」と呼びうる展望を考えており、それについては次章において若干の迂回を行いつつ、さらに第6章で考えていくこととしたい。

第5章

「火の鳥」とアマテラス
——再生と両性具有

前章の「無の人類史」を受けて、ここでいささか本書のこれまでの記述とは少々異なる性格の挿話を入れさせていただくことをお許しいただきたい。ただし内容的には、本章で述べていく話題は、これまで本書の中で取り上げてきたテーマと多くの面で交差し、それらを具体的なイメージで表現するとともに、ある意味で「無の人類史」をめぐる〝ケース・スタディ〟とも呼べる性格をもつものである。

『火の鳥』が描くもの

さて本章の表題を見て、なぜ「火の鳥」と日本神話のアマテラスが並置されるのかと不思議に思われる読者の方も多いだろう。ここではまず、両者が実は深いところでつながっているということを様々な視点から考えてみたい。

最初に「火の鳥」について確認すると、ここでいう「火の鳥」は、手塚治虫の漫画作品『火の鳥』で描かれているような、永遠あるいは不死を象徴するような存在としての「火の鳥」を指している（写真5－1）。

あらためて述べるまでもないかと思うが、『火の鳥』は『ブッダ』などと並んで、手塚治虫のライフワーク的な作品とされている。私自身は、その一部（「未来編」など）を学生の頃などに読んだことがあったが、その全体を通読することは比較的最近までなかった。ところが

写真5-1『火の鳥』

２０１３年の3月、ある小さな古本屋の閉店セールスで『火の鳥』全13巻（角川文庫版）をわずか５００円で売っているのを見つけ、思わず買うことになった。中身について特別に期待していたわけではなかったのだが、いったん読み始めるとその世界に魅了され一気に読み通すことになり、その後しばらくは『火の鳥』のイメージが繰り返し頭の中をよぎるような状態だった。

まだ読んでおられない方もいると思うので『火の鳥』がどういう話であるかをごく簡単に記すと、物語の舞台となる時代は、邪馬台国の頃や、人類の創世といった遠い過去と、紀元３４００年の地球、あるいは人類が一度滅亡してまた生命の進化が始まる時代といった遠い未来を往き来しながら、それぞれの時代ごとのある程度独立した物語が各巻で進行していく。ただし、それらどの時代の物語にも（永遠の象徴である）「火の鳥」が登場する。

物語の全体を貫く中心的なテーマは、一言で言えば生命、あるいは「死と再生」という主題ということになるが、私がやはり感銘を受けるのは、その扱う時間の射程が非常に長いということ、しかも単に時間軸として長いだけでなく、「時間の深さ」ともいうべき次元、あるいは日々移ろいゆく現象的な時間の根底に存在するような、「深層の時間」とも呼ぶべき次元が扱われている点だ。

以上から連想した読者の方もいるかもしれず、また私自身これを書いていて気づいたのだが、そうした『火の鳥』の関心は、他でもなく本書の中で取り上げてきた「ビッグ・ヒストリー」や「世界神話学」の問題意識と大きく共鳴するものと言える。

さらに『火の鳥』においては、遠い過去ないし土着的・伝統的なものへの関心、言い換えると民俗学的あるいは歴史学的な関心と、「未来」や「科学」や「宇宙」といったものに対する自然科学的な関心の両方が——通常この両者の関心はかなり異質なものと思われるが——、物語全体を通じてクロス・オーバーしている。

こうしたいわば〝文理融合的〟な関心もまた、ビッグ・ヒストリーや世界神話学と通底しており、この点はこれからの時代の科学や学問研究のあり方を考える上でも重要なものと私は思っている。

以上、手塚治虫の『火の鳥』について簡潔に述べたが、しかしここでの主題は物語としての『火の鳥』でなく、そこで描かれている霊鳥「火の鳥」と、日本神話に登場する「アマテラス」との関わりだ。

「火の鳥」と「アマテラス」の接点

では「火の鳥」と「アマテラス」は、どのようなつながりをもっているのか。

もっとも基本にあるのは、「火の鳥」も「アマテラス」も、ともに「死と再生」というテーマを象徴する存在であるという点である。

このうち「火の鳥」が「死と再生」と関わるという点については、いま述べた手塚作品『火の鳥』についての記述からも既に明らかだろうし、また『火の鳥』の一つのモデルが、西方世界における不死鳥「フェニックス」であることからもすぐに連想されることである。

ただし、『火の鳥』のより直接的なモデルとなっているのは、同第5巻（復活・羽衣編）の解説で荒俣宏氏も書いているように、むしろ中国における霊鳥としての「鳳凰」（イメージとしては孔雀や雉などに近い）である。ちなみに中国の伝説では、鳳凰の卵を食べれば〝不老長寿〟になるとされる。

しかし鳳凰にはそのように不老長寿という性格は伴うが、「火」と結びつく要素は必ずしもない。鳳凰が「火の鳥」に近づくのは、それが同じく中国の神話的世界における「朱雀」に進化する時である。

すなわち「朱雀」とは、鳳凰の伝説にいわゆる五行説が融合し、よく知られるように東西南北の四方位に四つの聖獣がそれぞれ配置され――東の青龍、西の白虎、北の玄武、南の朱雀――、こうした世界観の中で「鳳凰／朱雀」が「火＝太陽」を示す南に位置づけられることになった。「朱雀」の「朱」が既にその性格を表しているが、いずれにしても、ここに来て当初の「鳳凰」は明確に「火の鳥」としての性格をもつに至ったことになる。

では、なぜ「鳥」という存在が、「永遠」ないし「死と再生」の象徴という性格をもつようになるのだろうか。

これにはいくつもの複層的な要因が絡んでいると思われるが、もっとも原初的には、「鳥―太陽―死と再生」という象徴的な結びつきが人間の意識の中で形成されるからだろう。

このうち、「鳥と太陽」の結びつきについては、いちばん単純な次元では、他でもなく〝夜明けに鶏が啼く〟とか〝太陽が昇る前に鳥たちの鳴き声が響く〟といったイメージがベースにあるだろう。そこから派生して、「鳥が太陽を先導する」といったイメージも生まれ、そうしたことが、世界の様々な神話に見られる「神を先導する鳥」（たとえば日本神話におけるヤタガラス）、「神の依《よ》り代《しろ》としての鳥（ないし後で述べる鳥居）」といった象徴的心象につながっていくことが想像される。

それでは「太陽」と「死と再生」の関係についてはどうか。

これは、端的に〝いったん沈んではまた昇る〟太陽それ自体が、そのまま「死と再生」のイメージと重なるのであり――しかも太陽はすべての「生命」の源とも言えるので、それはもっとも根源的な「死と再生」を意味する――、そしてそのことは、ここでのもう一つのテーマである「アマテラス」の象徴的含意とそのまま結びつくことになる。

太陽の死と再生

アマテラスは、言うまでもなく日本神話における女性の太陽神であるが――それがいかなる経緯で皇祖神としての性格を持つに至ったか、特にタカミムスヒという男性超越神との関係については後で述べる――、アマテラスがもっとも象徴的に表現しているのは他でもなく「死と再生」というテーマであり、それが端的に表現されているのは、よく知られた「天《あめ》の岩屋戸《いわやど》」神話であると言ってよい（ちなみにこうしたアマテラス像と現代の生命論［特に生命の自己組織性や「混沌からの秩序」論］との関わりについて、以前の拙著でも論じたことがある〔広井［2013］〕）。

「天の岩屋戸」神話についてはあらためて説明するまでもないかもしれないが、概略を記すと、女性の太陽神であるアマテラスは弟のスサノヲの乱暴ぶりを嘆き、天の岩屋戸に〝引きこもって〟しまうが、その結果、世界は闇に包まれることになる。このため「八百万の神々」が集まって相談し、「常世《とこよ》の長鳴き鳥」を集めて鳴かせたり――ここでも太陽神と鳥の結びつきが見られる――、岩屋戸の前でにぎやかな祭りを始め、その中でアメノウズメノミコトの乳房をはだけた大胆な踊りにどっと笑ったが、そうした様子を不思議に思ってアマテラスが岩屋戸を少し開いた時、力自慢の神アメノタヂカラオが一気にアマテラスを外に引き出し、こうして再び地上に光が戻ったという話である。

この物語が何を表現しているかについては様々な説や解釈があり（それらについて工藤［2012］参照）、それはそれ自体で独立したテーマになるものだが、私はやはりこれは「太陽の死と再生」をめぐる物語と理解するのがもっとも自然だと思う。

というのも、こうした「太陽の死と再生」をめぐる神話や行事等は、地球上の多くの地域で広く見られるものだからである。その典型例の一つはクリスマスであり、もともとクリスマスは、〝太陽が新たに生まれ変わる日〟としての冬至を祝う祭りだった（実際、興味深いことにクリスマスを表すフランス語の「ノエル」は語源的に〝新しい太陽〟という意味だ）。

さらに言えば、実はもともと「元日（1月1日）」は冬至とイコールであり、つまり冬至が新年の始まりの日だったのである（古代の暦の不正確さのため次第に10日ほどのズレが生じ、それがそのまま現在に至っているという事実はあまり知られていない)。

狩猟採集であれ農耕ないし遊牧であれ、少なくとも現代人に比べてはるかに自然に近い生活を送っていた当時の人々にとって、太陽が「生命」の象徴として感覚されることのリアリティははるかに強いものだったろうし、それはまた、たとえば春になって地上のすべての生命が再び新たな始動を始めるように感じられる歓びと一体のものだったろう。

いずれにしても、このようにアマテラスはそれ自体が(太陽神として)「生命」を象徴する存在であるとともに、「死と再生」のテーマとそのまま重なっている。

そして、もともとここでの議論は「火の鳥」が「死と再生」(ないし永遠の生命)のシンボルであるということから始まっていたのだった。このように考えていくと、「死と再生」の象徴的表現という点において、「火の鳥」と「アマテラス」はまさに重なり合う性格をもった存在である。

鳥信仰と鳥居

「火の鳥」と日本神話のアマテラスは、いずれも「死と再生」のシンボルであるという点でつながっているということを述べた。

しかしこの両者の間には、そうした内容的な面でのつながりとともに、もう一つの接点がある。それは、それらがもともと生まれた地域と日本との関わりに関する、歴史的ないし人類学的なつながりという点だ。

このうち火の鳥については、先ほども述べたように、それは中国の神話における霊鳥「鳳凰」ないし「朱雀」と深く関わっている。ただし、鳳凰や朱雀ほど洗練されたものでなくとも、広い意味での「鳥信仰」は、中国、アジアあるいは地球上の各地域に広く存在している。

その象徴的な場面の一つが、「鳥居」との関わりである。鳥居の起源に関しては様々な説があるが、有力なものとして、それが雲南省など中国南部や東南アジア北部の山岳地帯に見られる、「ロコーン」などと呼ばれる村の門がルーツではないかという見解がある（鳥越［1992］、同［2000］）。

それは村へ侵入する悪霊を防ぐという性格のもので、聖なる領域ないし空間を他から区別する「結界門」という性格をもち、左右の柱の上に笠木を載せたその形態も日本の神社の鳥居とよく似ている。そして、その笠木の上に木製の「鳥」がとまっているのである。なぜそこに鳥が置かれるかという理由は、おそらく神の依り代ないし神との媒介者といった意味合いからだろう。

ここでは鳥居の起源ということ自体が主題ではないので、この点にこれ以上深入りすることは控えるが、いま述べている雲南省などの中国南部や東南アジア北部の山岳地帯等といったエリアは、よく知られた「照葉樹林文化」論で論じられてきたように、水田稲作をはじめ、もち米、納豆、歌垣など、様々な事物や習俗が「弥生人」とともに日本に渡ってきた、その起源の地域とされているので、鳥居がその中に含まれているというのは、決して不合理な論ではないと思われる。

ちなみに多少脱線するが、朝鮮半島南部にも類似の「門」があるようで、そこではその脇に「ソッテ（鳥竿）」と呼ばれる、先端に木製の鳥がとまる柱が立てられる。そして門の近くにはソッテの他に「チャンスン」と呼ばれる一対の人面柱も置かれるそうだ。これはやはり上記の記述と同様に村の守り神ということだが、偶然ながら、第2章でも少しふれた「鎮守の森コミュニティ・プロジェクト」の関係で、数年前に埼玉県日高市にある高麗《こま》神社を訪問した際、同神社が渡来人系の神社であることもあってか、まさにこの「チャンスン」が鳥居のそばに立っていた。

先ほど雲南省などでの村の結界門としての鳥居についてふれたが、それがどちらかというと〝水平的〟な空間の区分――聖なる領域とその外――に関するものであるのに対し、いま述べているソッテなどの柱状の人工物とその先端に置かれる鳥という構図は、むしろ人と神との〝垂直的〟な関係に関わるもので（あるいはいわゆる「宇宙樹」ないし「世界樹」のイメージ）、どちらかというと後でも述べる北方系の父性的超越神の世界に近いという印象もある。これら両者は必ずしも二者択一ではなく、少なくとも部分的に重なり合っているものなのかもしれない。そしていずれにしても、そうした場面において「鳥」が重要な役割を果たしているのである。

思えば、人間が「超越」という抽象的観念をもつのはかなり後になってのことであり、そのもっとも原初的なイメージは、他でもなく〝鳥が空高く舞い上がる〟といった具体的な事象に根ざしていただろう。さらに「鳥の目」からは、世界の全体を〝俯瞰（鳥瞰）〟することができる。こうしたところにも、超越的な神の観念と「鳥」との結びつきを見出すことができると思われる。

前章でも述べた点だが、「超越」に限らず、私たち人間がもっている様々な抽象的な概念は、もともとは何らかの具体的な事象や事物と結びついたものなのだ。

太陽の再生神話の起源

以上、「火の鳥とアマテラス」というここでのテーマのうち、火の鳥に関する話題を述べたが、ではアマテラスのほうはどうか。

これについては、先ほどアマテラスをめぐる物語の核心にあるのが有名な「天の岩屋戸」神話であり、それは人間にとってもっとも根源的な意味での（太陽ないし生命の）「死と再生」をうたったもので、その点において「火の鳥」の性格と重なるものであることを述べた。

そして興味深いことに、近年の様々な研究は、そうした太陽の死と再生をめぐる神話が、やはり雲南省など中国南部（ないし長江流域以南の少数民族の地域）とその周辺に広く分布していることを明らかにしている。

こうした研究を、雲南省・四川省など現地での長期にわたるフィールド調査を通じて先駆的に展開しているのが工藤隆氏であり、氏の著作からはそうした具体的な事例を数多く知ることができる（工藤［２００６］、同［２０１２］）。

たとえば雲南省の少数民族プーラン族に伝わる神話には、概略次のようなものが存在する。

太陽と月は、巨人神グミヤの矢を恐れて逃げ出し、大きな石の洞窟にひっそりと身を隠して、二度と顔を見せようとはしなかった。グミヤは多くの鳥と獣を召集して会議を開き、太陽を呼んでくることについての相談をした。声が大きくてよく響き、弁舌も巧みな雄鶏が指揮をとり、洞窟の脇で柔和な声で太陽と月を呼んだ。太陽と月が出ようとした時、入り口の大きな岩をイノシシが力一杯に持ち上げると、大岩が半分に割れた。太陽と月が出てきて、昼と夜の区別がつき、大地には光と暖かさが戻って来た。すべてが生命に満ち、喜びと希望が戻った。このように麗しい天地は、さらにまた麗しさを加えるだろう（工藤前掲書より抜粋）。

「天の岩屋戸」神話と実によく似ており、主な違いはここでは「月」が太陽と一緒に登場しているという点くらいである（この点について工藤氏は、『古事記』神話ではツクヨミ〔月〕の活躍する場面がほとんどないことでもわかるように、皇祖神アマテラス〔太陽〕という観念が支配的になっていたためにツクヨミ〔月〕の存在が消されているのかもしれないと解釈している）。ちなみに、これら中国南部の少数民族の神話においては「太陽＝女、月＝男」というのが一般的であり、これも『古事記』など日本神話と共通している。

アマテラスの起源

さて以上は「天の岩屋戸」神話の起源にそくした話だが、しかしながら、太陽の死と再生をめぐる「天の岩屋戸」神話そのものと、『古事記』の主役の一人たるアマテラスは最初からイコールでつながるものではない。ではアマテラスそのものの起源についてはどうか。

このテーマについて正面から論じるのは、私の能力や知見を超えるものだが、ここでの問題意識と文脈にそくする限りで重要と思われるポイントを記してみたい。

まず、一般にはほとんど知られていないこととして、日本神話での中心的な皇祖神ないし国家神が、もともとはタカミムスヒという男性神であり、それがある時期にアマテラスに転換したという興味深い事実がある。このことを主題的に論じているのが溝口睦子氏の『アマテラスの誕生』で、同書は従来の様々な説を踏まえながら、なぜこうした転換が起こったのかを多面的な角度から印象深く論じている（溝口［2009］）。

いま述べたタカミムスヒとは、『古事記』や『日本書紀』などの日本神話でクライマックスをなすいわゆる「天孫降臨」において中心的な役割をはたす神だが、もともとこうした天上の神が地上に降りてきて王になるというタイプの思想は、北方ユーラシアの遊牧民族が王権神話としてもっていたものだった。

ちなみにこの点は、さらに視野を広げれば、スキタイなど西方のイラン系遊牧民族なども含む、中央アジアないしユーラシア大陸全体をまたいだ神話の伝播や交流とつながり、また第2章で述べた「世界神話学」での「ローラシア型神話」の話題とも関連するだろう。

歴史的には、当時のヤマト王権（倭国）は5世紀初めに朝鮮半島の高句麗と戦って大敗し、その経験を通じて王権の強化に乗り出し、その過程でより絶対的な権威性を王権に与えるような思想として、北方系の天孫降臨神話を取り入れていったのであり、その主役となるのが父性的超越神たるタカミムスヒに他ならなかった（タカミムスヒは別名「高木神《たかぎのかみ》」で、高木を立てて太陽を祭る習俗に関連するとされ、これは先ほど鳥居のところで述べた朝鮮半島の「ソッテ」や「宇宙樹」の話と接点があるだろう）。

こうした流れの中で、5−7世紀のヤマト王権時代には天孫降臨神話を軸にしてタカミムスヒが皇祖神ないし国家神のポジションにあったが、それが律令国家成立に伴う7世紀後半からの『古事記』（成立は712年）編纂の過程で、先ほどから述べているようにその座をアマテラスに譲るような転換が行われていったのである。

実は、女性太陽神たるアマテラスは、初めから「アマテラス」と呼ばれていたわけではなく、もともとは「ヒルメ（日女）」（ないしオオヒルメ）と呼ばれる、伊勢の地方神的な存在だった（また伊勢神宮も太陽神を祭る地方神の神社だった）。

ちなみに伊勢は古くから太陽信仰のさかんな土地だったという（武澤［2011］）。後の議論とも関連するが、「アマテラス」の「アマ」は「天」という意味とともに「海」という意味ももつので（伊勢は海女も多く、まさに「あまちゃん」の世界）、「アマテラス」は〝太陽が海を照らす〟イメージとも重なっていたかもしれない。

話をもとに戻すと、『古事記』の編纂を主導したのは、中国的な律令制度の導入とともに実質的に天皇制の基礎を築いたといえる天武だったが、ここにおいて彼は、上記のように（北方ユーラシア的で朝鮮経由の）「外来神」のイメージが強く、人々の間でもなじみのうすかったタカミムスヒではなく、より土着的な性格が強く、民衆の間により浸透しており、また南方的（ないし弥生的）な多神教世界に根ざした女性太陽神「ヒルメ」を皇祖神に置き換えるという転換を行ったのである（溝口前掲書）。

アマテラスの複合的性格——太陽・「天」・海

しかも、この場合の「アマテラス」の「天」は、もちろん中国的な「天」の思想を取り入れたものだが、上記の溝口氏も記しているように、これは（タカミムスヒに関連する）北方ユーラシア遊牧民的な「天」の概念ともまた異なるもので、それは自然における具象的な「天」ではなく、むしろきわめて抽象化された概念としての「天」である。

以上は若干わかりにくいかと思われるので私なりに少し整理すると、アマテラスには以下の三つの観念が関係していることになる。

（a）（南方の）農耕民的な「太陽」神（……母性的）

（b）（北方の）遊牧民的な「天」の神（……父性的）

（c）中国思想における、抽象化された「天」の概念（宇宙的な超越性）

このうち（a）は、先に出てきた雲南省など中国の南部（長江領域など）や、日本の弥生文化に例示されるもので、農耕において中心的な役割を果たす「太陽」が、多神教的な信仰の対象になるものである（正確に記すと、後でもふれるように、さらにこの深層に狩猟採集的段階でのもっとも根源的な自然信仰が存在すると私は考えている)。

他方(b)は、先ほども述べたように北方遊牧民的なもので、いわばドライで規範的な性格の強い、父性的・超越的な「天」神の観念であり、タカミムスヒがその例だった。

そして(c)は上記のようにより抽象度の高い概念で、これはより大きな文脈で言うと、本書で幾度も言及してきた、紀元前5世紀頃に生じたいわゆる「枢軸時代/精神革命」に生まれた思想の一環をなすものだ。つまりそれは、前章での「無/死の概念化・抽象化」もそうであるように、個別の共同体や具体的事物を超えた普遍的あるいは抽象的な観念の生成という点を基本的な特徴としているのだ。

話をまとめると、以上のような過程をへて、伊勢地方での一女性太陽神に過ぎなかったヒルメが、皇祖神という大役を担うことになり、そこでは(本来次元を異にするはずの)「太陽」と中国的な「天」が二重写しにされ、「女性太陽神アマテラス」という、重層的・複合的な意味を担った神となったのである。

しかもこの場合、「アマ」には上述のように海という意味もあり、それは農耕以前の縄文的(狩猟採集的)なものとも言えるので、二重写しというより〝三重写し〟ともいうべきである。つまりアマテラスには①縄文的(海洋的自然信仰)、②弥生的(農耕的な女性太陽神)、③普遍思想的(「天」の観念)という、三層にわたるイメージや観念が凝縮して込められていると考えられるのである。

ちなみに以上に関連する興味深い事実として、伊勢湾岸地方（や対馬など）に、もともと「アマテル」という、海洋性の男性太陽神が存在しており、それが祖先神としてやがて「ホアカリノミコト」と呼ばれるようになったという事実がある（武澤［2011］参照）。

この神はいわゆる海人《あま》族——弥生以前の日本列島の先住民で、漁業を中心に生活を営んでいた人々——にとっての男性の太陽神で、アマテラス＝ヒルメのさらに古層をなす縄文的なもの（先ほどの①）と言えるだろう。

アマテラスの両性具有的性格

アマテラスに関して、本章で話題にしている「火の鳥」との関連を含めて最後に注目してみたいのは、以上のような記述から浮かび上がるような、アマテラスのもつ「男女両性具有性」である。

すなわちアマテラスは、
（1）もっとも根源的なレベルで上記のように「アマテル＝ホアカリ」という海洋的な男性太陽神としての性格をもち（ただしこれは純然たる自然信仰に近いので性別の観念は希薄）、
（2）「ヒルメ」としての、農耕社会における女性太陽神としての性格をもち、

（3）さらに北方遊牧民的な男性超越神（＝天）たる「タカミムスヒ」的な役割も（皇祖神の席を引き継いだという意味で）担い、

（4）最後にそうした性別を完全に超越した、（宇宙的な）「天」としての性格をもっている

と言え、重層的な形でまさに男女両性具有的な存在である。

そして、私がここでアマテラスの男女両性具有的な性格を指摘した理由は二つある。

第一に、第3章や前章で言及したように、生物進化の過程を考えると、もともと生物に性はなく、それは進化のある段階で、二つの性が遺伝子を交換し合って次の世代の新しい個体を作るというシステム——多細胞個体の成立——として生じ、それとパラレルに個体の「死」が生まれたという点がある。

つまり「性と死」は起源が同じであるというテーマであり、これについて前章では『古事記』の別の物語（コノハナサクヤヒメ）との関連にふれたが、いずれにしても古代の神話は、現代の科学にも通じるような、生命や人間に関する根源的な把握を示しているとも言える。

第二に、人間の両性具有性という点は、角度を変えて見れば、「父性」と「母性」という、それ自体としては異質な性格をもった二つのベクトルが、人間という存在にとってともに本質的な意味をもつという、これも根底的な認識を表現している（象徴的な意味での父性と母性が同

時に重要であるということと、人間の「コミュニティ」の特質との関連については、「関係の二重性」という視点にそくして第3章で述べた)。

ところで、いまアマテラスの男女両性具有的な性格に言及しているが、興味深いことに本章のもう一つの主人公である「火の鳥」もまた、男女両性具有的な性格をもっているように思われる。

この点は議論のありうるところかもしれないが、たとえば手塚治虫の『火の鳥』において、「火の鳥」は一見すると女性的な印象もあるが、かといって女性と言い切ってしまうのは躊躇されるような、中性的あるいは男女両性具有的なイメージをもっているのではないだろうか。手塚治虫の『火の鳥』を離れて一般的な「火の鳥」、つまり鳳凰や朱雀やフェニックスについて見れば、その両性具有性はより強まるかもしれない。

そして、ここで重要なのは次の点である。すなわち、先ほど生命の進化の過程で(個体の)「性と死」とは同時に生成したという点を述べたが、まさにそうであるがゆえに、**「永遠の生命」を象徴する火の鳥やアマテラスは、性を超えた、すなわち「性と死」が生じる前の、両性具有性かつ不死という性格をもっている**のではないだろうか。

言い換えれば、「性」と「死」は原初において不可分のものであるから、「永遠の生命」を表現しようとすれば、それは「性」を超えた存在である必要があったのである。

死を含む生命

以上の両性具有性という話題とも関連するが、アマテラスの性格に関して、「死を含む生命」という視点についてもふれておきたい。

本章の初めで、「死と再生」というテーマにそくしつつ、「天の岩屋戸」神話について言及した。この点をもう少し見てみると、アマテラスを岩屋戸への引きこもり、つまり「死」に追いやったのは、他でもなく弟スサノヲだった。この場合、アマテラスとスサノヲの対照は何を表現しているのだろうか。

さしあたり単純に言えば、ここでのアマテラスは「生命」や「秩序」の象徴であり、それに対するスサノヲは「無秩序」や「混沌」、そして「死」を象徴する存在と言えるだろう。しかし『古事記』の物語にはもう少しダイナミックで深い意味が含まれているように見える。

すなわち、当初のアマテラスは、無秩序や死といったものを知らない、いわば〝優等生的〟で狭い意味の「生」や「秩序」を表す存在だった。しかし天の岩屋戸の物語を通じてスサノヲとの対決そして（岩屋戸への引きこもりの後にその外へ再び姿を現すという）「死と再生」をへた後のアマテラスは、死や無秩序をも自らのうちに取り込むような、いわばひと回り大きな「生命」に変化していったように思える。そしてその後の『古事記』の物語において、それは後の世代も含めてさらに大胆に展開していくのである。

ちなみに、「カオス―ノモス―コスモス」という構造が人類学などで論じられてきたが、以上のような『古事記』のストーリーは他でもなくこうした構造と重なっているように見える。

つまり当初のアマテラスが、「カオス（混沌）」としてのスサノヲに単純に対立する次元の「ノモス（現世的な秩序）」的な存在だったとすれば、スサノヲとの対決そして「死と再生」をへた後のアマテラスは、いわばカオスをも含みこんだ「コスモス（より高次の宇宙的存在）」、あるいは**「死を含む生命」**とも呼びうる存在として展開していったように見える。

それは、すべてを生み出す根源にあるものという意味で、次章で述べる「有を生み出すポテンシャルをもった無」あるいは「有と無の根源」に重なるものだろう。

思えば、手塚治虫の作品において「火の鳥」は「宇宙生命（コスモゾーン）」という、宇宙の根源を示すコンセプトとともに表現されることがあるが（『未来編』）、アマテラスもまた、時空の根源に存在しつつ時空を超越するような「宇宙生命」としての性格をもっていると言えるだろう。

「火の鳥とアマテラス」の地球的ネットワーク

以上、本章の前半では火の鳥とアマテラスがいずれも「死と再生」の象徴であるという点について述べ、後半では、歴史的な出自や起源にそくしつつ両者の関連やつながりを考えてきた。火の鳥とアマテラスという二者に関して、ここで述べてきたことの全体を、ひとつの比喩的な物語として表現すれば以下のようになるかもしれない。

雲南省の鳥居を飛び立った「火の鳥」は、太陽神話とともに日本列島に渡ってヒルメ（女性太陽神）となり、海にもなじみつつ、やがて北方の父性的超越神タカミムスヒの職も担い、さらに「天」の観念を身にまとってアマテラスとなった。両者は形を変えつつも、いずれも「死と再生」（ないし永遠の生命）の象徴として、人々の意識の中に現在も存在している。

このように火の鳥とアマテラスは、東アジア（ひいてはユーラシア大陸）での国境を越えたネットワークの重層的な積み重ねと交流の中に位置しており、さらに第2章で述べた「世界神話学」で示されるような、人類（ホモ・サピエンス）の移動と各地の神話生成への視点を踏まえれば、地球的とも呼べる広がりと射程をもっている。

同時にそれは、根源へのつながりとともに、時空を超えて世界を俯瞰する視座を示すものであり、その意味で「地球倫理」——あるいは「地球・宇宙倫理」——の象徴的表現の一つとも言えるのである。

第6章

有と無の再融合

最終章となる本章では、本書のここまでの議論の全体を受けつつ、無ないし死をめぐる人類史（ひいては宇宙史）にそくしたマクロ的な視点と、個の人生に関わる死生観をめぐるミクロの次元とを橋渡しするような考察を行い、現在そしてこれからの時代における「無」と「死」のありようを掘り下げてみたい。

1　新しいアニミズム

二つのベクトルの「せめぎ合い」の時代としての現在

こうした考察を進めるにあたって、まず導きの糸になるのは、現在という状況についての時代認識である。

本書の議論を振り返ると、私たちが生きている「今」という時代をもっとも大きなレベルにおいて特徴づけるのは、第2章で「人類史における拡大・成長と定常化」という話題にそくして述べた「第三の定常化」への移行の時代という把握になる。

けれども正確に言うならば、現在はそうした定常化（あるいは持続可能性）を志向するベクトルと、むしろ逆に一層の「限りない拡大・成長」を志向するベクトルとの間の「せめぎ合い」の時代であるというのが現実にそくしたものと言えるだろう。これは本書のイントロダクションで、新型コロナ・パンデミックの勃発や、温暖化・集中豪雨等に示されるような気候変動が、現在の経済社会あるいは資本主義のありようという同じ根から生じているのではないかと述べた話題とも関連している。

ここで前者のベクトルは、地球環境の有限性や持続可能性という価値に目を向けつつ、環境・経済・福祉の調和した社会を志向するという方向であり、私自身が「定常型社会」「持続可能な福祉社会」あるいは「ポスト資本主義」といったテーマにそくして論じてきた社会像と重なる（広井［２００１ａ］、同［２０１５］等参照）。

他方、後者のベクトルは、様々なレベルでの「限りない拡大・成長」という方向をあくまで追求する方向であり、本書で述べている人類史の「拡大・成長と定常化」のサイクルという点にそくして見れば、いわば〝第四の拡大・成長〟を志向するような発想と言える。

そうした方向を代表するものとして、①人工光合成（に示される究極のエネルギー革命）、②地球脱出ないし宇宙進出、③ポスト・ヒューマン（人間そのものの改造ないし進化の次なる段階）の三者が挙げられるという議論を、私はこれまでの拙著の中で行ってきた（広井前掲書）。それは経済的なレベルでは「スーパー資本主義」と呼べるような姿と重なると同時に、本書の中で〝現代版「不老不死」の夢〟という話題にそくして言及してきた、具体的なテクノロジーと結びついた動きでもある。

しかし私自身は次のような意味で、こうした「第四の拡大・成長」という方向には根本的なレベルで懐疑的である。

たとえば地球脱出や宇宙進出という方向は、人間が「地球の有限性」を乗り越えることができるという主張としてしばしば議論される。しかしはたしてそこで到着した場所が、人間にとって地球よりも〝良好な〟環境であることは甚だ疑わしいし、格差や環境破壊など「地球の中で解決できなかった問題」が、同じ志向を続ける中で解決できることはないだろう。同様に、人工光合成というエネルギー革命がかりに実現したとしても、今度は地球は一層の人口の過密でおおわれることになり、それは問題をより深刻化させるだけだろう。またポスト・ヒューマンのような方向が人間にとって「幸福」をもたらすのかというと、深い疑問がある。

要するに「限りない拡大・成長」という方向それ自体をどこかで変えなければ、いま私たちが直面している問題の解決は見えてこないだろう。時折引かれるアインシュタインの言葉に、「ある問題を引き起こしたのと同じマインドセットのままで、その問題を解決することはできない」という一節があるが、そうした把握がここでもあてはまるのである。

しかも、本書で行ってきた議論を振り返ると、先ほどもふれた「人類史における拡大・成長と定常化」のサイクルの中で、各段階での「拡大・成長から定常化」への移行期において、人類は「物質的生産の量的拡大から文化的・精神的発展へ」という転換を行ったのである。

つまり、狩猟採集社会や農耕社会それぞれの拡大的発展において、それが**資源・環境的な制約**にぶつかった際、第2章や第4章で見たように、人間はそれぞれ「心のビッグバン」「枢軸時代／精神革命」という**大きな意識の転換あるいは従来になかった思想ないし観念**を生み出し、そのことを通じて物質的な資源消費の拡大とは異なる発展の方向へと大きく舵を切り、**新たな「生存」そして「創造」の道**を見出していったのだ。

それは、いわば**「有限な（物質的）環境の中での、無限の創造」**を志向し、それによって持続可能性を実現させるという方向とも言える。

そしてそうした方向は、イントロダクション以降本書の各所において言及してきた「個人の生の有限性と地球環境の有限性」という、私たちがいま直面している「有限性」をめぐるテーマについて、一つの解答を与えるものでもあるだろう。

いずれにしても、「人類史における第三の定常化」の時代を迎えつつある現在の私たちにとって重要なのは、「心のビッグバン」や「枢軸時代／精神革命」に匹敵するような新たな世界観であり、それは本書で論じてきた「地球倫理（ないし地球・宇宙倫理）」とつながると同時に、「無」あるいは死生観に関するレベルでは、次に述べるような思想が浮かび上がってくると思われる。

有と無の再融合

ではそうした新たな時代状況において、どのような「無（あるいは死）」についての理解が浮かび上がってくるだろうか。

「人類史における第三の定常化」の時代としての現在そして今後においては、近代社会における「無（あるいは死）の排除」に代わり、**「有と無の再融合」**と呼べるような世界観が重要な意味をもつことになると私は考えている。

「有と無の再融合」とはいささか抽象的でわかりにくい表現かと思われるが、その内容はさほど難解なものではない。すなわちそれは、要約的に記せば、

（1）「有」と「無」を連続的なものととらえ、

（2）「無」を、「有」を生み出すポテンシャルないしエネルギーをもつものとして理解し、

（3）「有」（あるいは存在）の内部の事象についても、そこでの宇宙、生命、人間といった様々な次元を連続的なものとして把握し、

（4）以上のような認識を踏まえ、「個人を超えて、コミュニティや自然（生命、宇宙）ひいては有と無の根源とつながる」方向を志向する

という考え方を指している。以下、これらの内容について順次述べてみよう。

まず、（1）と（2）はある程度一体的に考えられるものである。ある意味で非常に観念的で、宗教的な領域のテーマのように響くかもしれないが、こうした「有と無」の根源に関する議論を近年もっとも正面から展開しているのは、本書の中でも様々な形で言及してきた、近代科学あるいは〝ハード・サイエンス〟の代表的存在とも言える物理学の領域である。

たとえば『宇宙はどうして始まったのか』という著書の中で、宇宙物理学者の松原隆彦氏は次のように述べている。

　宇宙が「無」から始まった、という言葉を初めて聞いて、その意味をたちどころに理解する人がいるだろうか。とてもそうとは思えない。……宇宙がないという状態を考える前に、そもそも宇宙とは何なのだろうか。中国の古い文献『淮南子』によると、空間のことを「宇」と呼び、時間のことを「宙」と呼ぶ、とされている。この呼び方にしたがえば、「宇宙」とは時間と空間を合わせた存在、ということになる。このことからすると、宇宙

がない状態だという「無」は、時間と空間がどちらもない状態だということになる。……そんな状態を思い浮かべられるだろうか。この時点で思考停止に陥るのが、正常な人の反応というものかもしれない（松原［2015］）。

第1章でもふれた話題だが、そもそも「無」とは何かという、私たちの通念からすれば哲学的あるいは宗教的とも呼べるような話題が、物理学という自然科学の領域において正面から論じられるようになっているという点は、それ自体興味深いことだろう。

それは近代科学の展開の歩みそれ自体に関わっている。つまり、第1章でも少しふれたが、17世紀の「科学革命」を通じてヨーロッパで成立したいわゆる近代科学は、その当初の象徴的存在だったニュートン力学以降、さしあたり私たちが生きるこの「有」の世界における諸現象について、その法則やメカニズムを明らかにすることを基本的な課題としてきた。しかしそうした探究が順次発展し、この世界のより複雑な現象――生命、人間の意識、宇宙の生成等――に探求が向かう中で、ある意味でその究極の問いとして、「なぜ無から有が生じたのか」とか「そもそも『無』とは何か」といったテーマが自ずと浮上しているのである。

そして大きく言えば、「無」というものの意味を再定義し、それを「有」を生み出すポテンシャルないしエネルギーをもつものとして（ダイナミックに）理解しようとしているのが近年の物理学の潮流と言ってよいだろう。そこでの一つの基本概念はたとえば「量子ゆらぎ」であり、「量子論では、**存在と非存在が混ざり合った状態**でものごとが進む」とされ、宇宙の創生前の『無』というのは、……宇宙全体が量子ゆらぎになっている状態」として把握されることになる（松原前掲書。強調引用者）。

「存在と非存在が混ざり合った状態」という、常識的な用語法からすれば矛盾しているような表現に示されるように、「有」と「無」が連続するという、新たな（奇妙とも言える）理解が生まれていることになる。

「無のエネルギー」

こうした「無」についての理解は、一部の論者からは、「それは結局のところ一種の〝有〟であって、〝無〟ではないのではないか」という批判にさらされることになる。そうした点を論じているのが、アリゾナ州立大学で「起源プロジェクト」を展開し、『宇宙が始まる前には何があったのか？』という著書を書いている宇宙物理学者のローレンス・クラウスで、彼は同書の中で次のように述べている。

今日、宗教的な観点からわたしを批判する人たちは、科学者は空っぽの空間を「無」と呼ぶべきではなく、哲学者や神学者の理想化された「無」と区別すべく、「量子的真空」と呼ぶべきであると主張する。

それは認めたとしよう……しかし、そのうえで科学者が、『無』とは空間も時間も存在しない状態である、と言ったらどうだろう？ ……しかしおそらく、今日では、これもまた無とは認めてもらえないだろう。

わたしがこれまで議論してきた相手の中には、**もしも何かを作り出す「可能性」があるのなら、それは真の意味での無ではない**と主張する人たちがいた。たしかに、何かが生じる可能性を与える自然法則が存在するということは、真の非存在から遠ざかることではあるだろう。だが、その自然法則なりもおそらく自発的に生じることになりそうだ、とわたしが主張したらどうだろう（本書の中で説明していくように、おそらくそういうことになりそうなのだ。クラウス［２０１３］、強調引用者）。

いささか議論が錯綜してきているが、以上の記述の中でポイントとなるのは、「もしも何かを作り出す『可能性』があるのなら、それは真の意味での無ではない」のか、という点だ。論点はある意味でシンプルであり、たとえばここに、完全な「無」なるものがあったとしよう。しかしながら、たとえそれ自体は「無」であるとしても、そこからやがて何らかの「有」

が生まれるとしたら、つまり「有を生み出すポテンシャル」があるとしたら、それはもはや「無」でないのではないか、という議論である。

慧眼の読者は気づかれたかもしれないが、これは他でもなく第4章で述べた、古代ギリシャにおける（イオニアの自然学での）「生成」と（パルメニデスなどが主張した）「存在」の哲学の対立に通じる議論だろう。それは言い換えれば、この世界を〝静的（スタティック）〟にとらえるか、〝動的（ダイナミック）〟にとらえるかという世界観の対比ともつながっている。つまり、（静的な）「存在」の視点で見れば、「有」と「無」は全く別物であって、その間に接点はない。しかし「生成」という（動的な）視点を入れる時、「有」と「無」は接点をもちえ、「有を生み出すポテンシャルをもった無」という把握も可能になる。

議論が非常に抽象的になっていると感じられるかもしれないが、私自身は、こうした「有を生み出すポテンシャルないしエネルギーをもった無」というとらえ方は、先ほどの「有と無の連続性」という把握とも一体になって、私たちの常識的な「無」観を揺さぶるような、新たな可能性をもっていると考える。さらに言えば、こうした「有を生み出すポテンシャルをもった無」という発想は、ある意味で〝究極のアニミズム〟とも呼べるような世界観につながるのではないだろうか。

いま〝アニミズム〟という表現を使ったが、これは何か「神秘的」なことを述べようとしているのではない。たとえば物理学者のホーキングは、著書の中で「宇宙全体はどのようにして無から生成されたのでしょうか？」という問いに対し、「宇宙の自発的生成が、なぜ宇宙が存在するのか、なぜ私たちが存在するのかという問題に対する答えです。宇宙を生成して発展させるのに神に訴える必要はないのです」と述べている（ホーキング［2011］）。

「宇宙の自発的生成（Spontaneous creation）」とは、意識しなければ読み流してしまう言葉かもしれないが、要するに、宇宙あるいは自然そのものが内発的な駆動因をもっており、しかもそれは「無からの有の生成」にまで遡ってそう言えるという把握である。それは他でもなく〝究極のアニミズム〟と呼びうる自然観と言えるだろう。

宇宙─生命─人間の連続性

以上、「有と無の再融合」という考えについて、先ほどそれを（1）～（4）の形で要約したうちの（1）（2）について述べた。続く（3）の点、すなわち、

「『有』（あるいは存在）の内部の事象についても、そこでの宇宙、生命、人間といった様々な次元を連続的なものとして把握し、」

という部分については、拙著『ポスト資本主義』でも論じた点でもあり、この話題については

図表6-1　世界の理解に関する4つの立場：「非生命—生命—人間」の境界をめぐって

	立場	内容	例
A	すべて**機械論的**	物理的現象（非生命）—生命現象—人間について、すべて機械論的原理によって**統一的に**把握することができる	・近代科学一般 ・ニュートン ・ダーウィニズム
B	**人間／人間以外**で境界	**人間**と**人間以外**の存在との間に本質的な**境界**が存在する（特に「精神と物質」の不連続性）	・ユダヤ=キリスト教的世界観 ・デカルト（精神と物質）
C	**生命／非生命**で境界	**生命**現象と**非生命**現象との間に本質的な原理の相違が存在する	・ドリーシュ（「エンテレヒー」） ・シュレディンガー（負のエントロピー）
D	すべて**連続的**	非生命現象—生命現象—人間の全体を貫く**統一的な形成原理**が存在する	・プリゴジン（非平衡熱力学） ・自己組織化 ・ヘッケルなど（エネルギー一元論） ・アニミズム

図表6-1をご覧いただきたい。

これは、そもそも世界の全体をどう理解するかについての、四つの立場を示したものであり、一見わかりにくいかもしれないが、趣旨はシンプルなものである。

すなわち、まずAの「機械論」は、17世紀のヨーロッパで先述の科学革命が起こり、現在の私たちが知る「科学」が誕生した際、近代科学が基本的に依拠した世界観だった。世界はすべて「機械」として理解できるという、ある意味で〝一元論〟的な見方である。

先ほども言及したニュートン力学がその象徴となったわけだが、ただしここで注意すべきは、実はニュートンは篤い信仰をもったキリスト教徒であり、科学が対象とする自然の〝背後〟に、神の力が働いていると考えていた点である。たとえばニュートンは「自然界には物体の諸粒子をきわめて強大な引力によって結合させうる能動者が存在する。そしてそれらを見いだすことが実験哲学の任務である」（『光学』）と述べているが、ここでの「能動者」とはキリスト教の神に他ならない。

議論を駆け足で進めると、近代科学のその後の歩みにおいては、世界の様々な現象が物理化学的な法則に従うものとして徐々に解明されていき、その結果、図表6-1のB、Cのような立場、つまり「人間と人間以外」の間（B）や「生命と非生命」の間（C）に、非連続の境界線を引くような見方は徐々に退けられていったと言えるだろう。

すなわち「生命と非生命」について見ると、19-20世紀を生きたドイツの生物学者ハンス・ドリーシュは、生物はそれ以外の存在にはない「エンテレヒー」なるものをもっていると唱え、それは〝新生気論（ネオ・ヴァイタリズム）〟と呼ばれた。

また第3章でもふれたように、量子力学の創始者の一人であるドイツの物理学者シュレディンガーは、1944年の著書『生命とは何か』において、生命はそれ以外の存在とは異なって、エントロピー（無秩序）が増大していくという熱力学の第二法則には従わず、「負のエントロピー（ネゲントロピー）」を周囲の環境から摂取して「秩序」を維持しているという議論を行った。

以上のような把握は、議論の文脈は異なるものの、「生命」と「非生命」の間に明確な境界線があるととらえる点においては共通していると言えるだろう。

一方、こうした見方に対し、１９７７年にノーベル化学賞を受賞したロシア出身のベルギーの科学者イリヤ・プリゴジンは、散逸構造論という枠組みの中で、生命以外の現象であっても、自然界においては「自己組織化」と呼びうるメカニズムによって、混沌から「秩序」が形成される現象が幅広く見られることを明らかにした（プリゴジン他［１９８７］）。

要するに、「生命」と「非生命」の間には絶対的な境界線があるわけではなく、そこでは自己組織化という共通の原理が働いており、したがって（宇宙の誕生以降の）自然における自己組織化ないし秩序形成という一貫した発展の中に「生命」もとらえることができるという自然観が提起されたのである。

以上は「生命と非生命」という点に関してだが、同様に「人間」と「人間以外」についても、進化生物学や脳科学等の領域の展開の中で、そこに絶対的な境界線を引かず、連続的な発展ないし進化のプロセスの中でとらえる見方が浸透しつつあると言えるだろう。

新しいアニミズム

こうした近代科学の流れは、全体として何を意味するのだろうか。次のように考えてみたい。

思えばニュートン以降の近代科学の歩みは、「自然はすべて機械」という了解から出発しつつつ、ある意味で逆説的にも、その「外部」に置かれた〝ニュートン的な神〟＝世界の「駆動因」を、もう一度世界の内部に取り戻し、すなわちそれを「人間→生命→非生命」の領域へと順次導入し、拡張していった流れだったと理解できるのではないか。

それは実のところ、**近代科学成立時の機械論的自然観がいったん捨て去ったアニミズム的要素（世界の駆動因）を、世界の内部に新たな形で取り戻していった流れ**と把握することもできる。言い換えれば、世界の「外」に置かれた〝ニュートン的な神〟が、世界の「内」に逐次回復されてきていることになる。

次のようにも言えるだろう。「機械論」と「アニミズム」という二者は、一見対極にあるように見えて、実は〝世界の一元論的把握〟という点において共通している。つまり、そのように世界を一元的に把握した上で、その根源にある駆動因を世界の「外部」に置く（除外する）のが機械論であり、それを世界の「内部」に見出すのがアニミズムなのである。これは、先に言及したホーキングの議論での「宇宙の自発的生成」とつながる議論であり、先ほどそれを〝究極のアニミズム〟と呼んだのだった。

いずれにしても、こうした意味において現代科学は、全体として「新しいアニミズム」と言うべき自然像に接近しているとも言え、それは〝生きた自然〟の回復とも呼びうる方向である。

以上、「生命と非生命」「人間とそれ以外」について、それらの間に絶対的な境界線を引かず、

図表6-2　有と無の再融合――新しいアニミズム

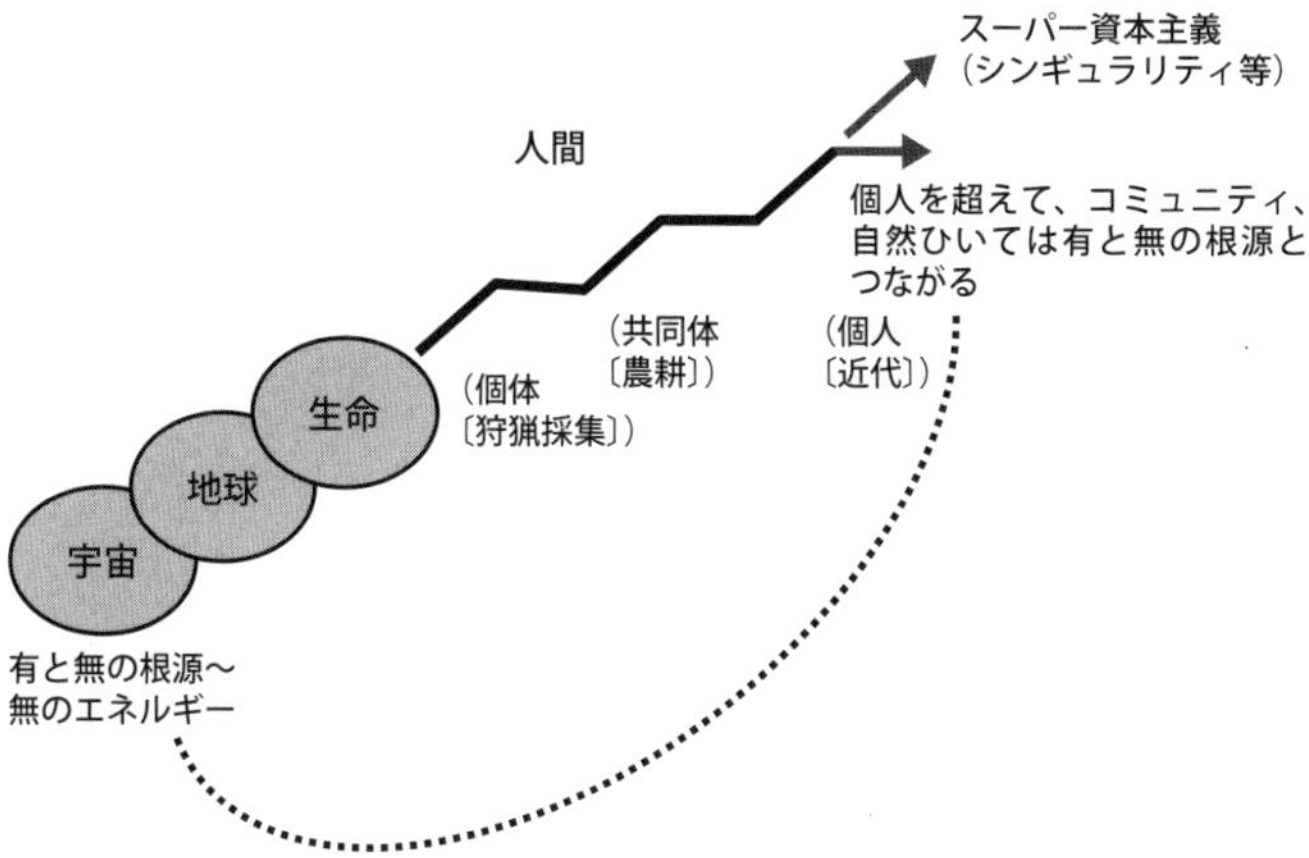

自己組織化あるいは（混沌からの）より高次の秩序形成への一貫したプロセスとしてとらえる見方が浸透していることについて述べた。

これらはさしあたり先ほどの（3）、つまりこの「有」の世界内部の現象に関する事柄であるが、先の（1）（2）で述べた、「有と無」あるいは「無からの有の生成」に関する話題と結びつけて考えると、宇宙の誕生それ自体を含め、それ以降の地球、生命そして人間に至るすべての展開が、ひとつの一貫した（自己組織化ないし秩序形成の）過程のもとにとらえられることになる。これは、第3章の「ビッグ・ヒストリー」のところで述べた関心とつながるものだろう。

こうして以上の帰結として、先ほど（1）～（4）として要約したうちの（4）の部分、す

なわち、
「個人を超えて、コミュニティや自然（生命、宇宙）ひいては有と無の根源とつながる」ような方向を志向する
という理解が自ずと導かれることになるが、それは実質的に、第2章で述べた「地球倫理」の内容とそのまま重なることになる（加えてここでの内容は、宇宙の生成から地球に至る過程までを含んでいるので「地球・宇宙倫理」と呼びうるものである）。

ここで述べている以上のような内容を、本書のこれまでの議論とも合わせる形でまとめたのが図表6-2である。

図の左下から、「宇宙→地球→生命→人間」となっているのは、先ほど述べた「宇宙の生成から生命の誕生、人間の登場までを一貫した秩序形成ないし自己組織化の過程としてとらえる」という把握を示しており、また第3章で「開放定常系」などにそくして論じた話題とつながっている。

2　生と死のグラデーション

死生観との関わり

それでは、ここまで述べてきた「有と無の再融合」という把握を、もう少し個人のレベルにそくした死生観との関わりにおいて考えるとどうだろうか。ここで関連するものとして浮かび上がってくるのが、第1章で述べた「生と死のグラデーション」という話題である。

あらためて確認すると、「生と死のグラデーション」とは、「生」と「死」は通常思われているように完全に分かたれているのではなく、そこには濃淡のグラデーションのようなものがあり、したがって生と死はいわば連続的なものとしてつながっているという見方をいう。私がこうした発想をもつようになったのは、これも第1章でふれたように、数年前から認知症気味になっている、80代後半の母親に接する経験が一つのきっかけだった。

ところで、「生と死のグラデーション」というといささか新奇な考えのように響くかもしれないが、実はこうした発想は、日本人にとってはそれほど奇異なものではない側面をもっている。

たとえば立川昭二氏はその印象深い著書『日本人の死生観』の中で、死生観に関する市民講座の場で氏が行ったアンケート調査（回答者585人）の結果を紹介しつつ、「生と死の世界は断絶かそれとも連関していると思いますか」という問いに対し、「どこかで連関している」と答えた人が約65％だったことを述べている（他に「断絶している」が約17％、「わからない」が18％）（立川［1998］）。

つまり、このアンケート調査を見る限りでは、日本人の多くは「生と死はどこかでつながっている」と考えていることになる。

また、同じ『日本人の死生観』というタイトルの別の本の中で、加藤周一氏らは、日本人にとっての「死の哲学的なイメージは、『宇宙』の中へ入って（帰って）ゆき、そこにしばらくとどまり、次第に融けながら消えていくことである」と記している（加藤他［1977］）。これも「生と死のグラデーション」という発想と通ずるものだろう。

では、生と死についてのこうした理解は、どのような現代的意味をもちうるだろうか。私が思うのは次のような点である。

すなわち、生と死が完全に別物ではなく、その間に〝中間〟的な状態があるという発想は、強固な「自我」の意識をもった個人が「無としての死」に孤独に向かい合うという、近代的な「死」（の恐怖）を乗り越える、あるいは「和らげる」という積極的な意味をもちうるのではないか。

あるいはまた、それは「自我としての個人」と「死を含む大きな生命」（生と死の根源、無のエネルギー、自然のスピリチュアリティ）という、一見対極にあるように見える二者をつなぐ（橋渡しする）意味をもちうるのではないか。

そして、こうした発想は新奇なものではなく、むしろ人間がもともと有しており、近代において失われていった（忘れられていった）感覚ないし世界観の現代的な回復という側面をもっているのではないか。

このように考えると、実は認知症というものも、一般的にはネガティブな側面が論じられることが多いが、それればかりではなく、ある種のポジティブな側面をもっていると思えるのである。

ちなみに作家の筒井康隆氏は、著書『老人の美学』の中で「死の恐怖や苦痛から逃れようとすれば、ボケなきゃ仕方がない」と記している（筒井［２０１９］）。この表現は、筒井氏特有の毒舌風のニュアンスがあるかもしれないが、しかしそこにはある種の真理が含まれているのではないか。

もちろんこうした点についてどう考えるかは、個々人の価値観や人生観等々による部分が大きく、ひとつの「正しい」見方があるというものでは決してないだろう。しかし私自身にそくして言えば、こうした「生と死のグラデーション」あるいは「生から死へのゆるやかな移行」という見方は、

○「生」から一気に〝暗黒〟に落下するような「死」のイメージ

あるいは、

○空虚としての「無」に私が孤独に向かい合うような「死」のイメージ

を、緩和ないし和らげる意味を確かにもっていると思えるのである。

「近代的自我」にとっての死と認知症

この点を少し別の角度から考えてみよう。

思えば「近代」という時代においては、経済ないし生産活動がそれまでの時代に比べて飛躍的に大きくなり、個人の自由な経済活動が重視される中で、良くも悪くも〝壮年男性〟、つまり心身ともに健康（あるいは頑強）で、個人としての独立度が高く、「自我」の意識や「意思」、「判断能力」もきわめて強固な存在が、社会の中心的なモデルとされた。

それがまさにいわゆる「近代的自我」のモデルでもあったわけであり、言い換えれば、子どもや高齢者、つまり壮年男性に比べれば身体も虚弱で、個人としての意思決定や判断力も不確実で、自我の意識も未確立であるような存在は、副次的な位置づけとされたのである（そうした傾向は近代以前の社会にも一定あったと考えられるが、それがより顕著になったのが近代社会だったと言える）。

そして、ある意味で逆説的なことに、そうした状況の中での「近代的自我」にとっての最大の〝難問〟の一つが「死」というテーマなのだった。

第4章の「無の人類史」の中で記したように、近代社会においては「個人」が共同体から独立して活動を行うようになり、個人は大きな自由を得たが、その代償として、共有された死後の世界を失ってしまい、孤独なレベルで「死」ないし「無」に向かい合うことになった。

つまり、**共同体ないしコミュニティから〝「独立」しても生きていける〟という近代的な個人の〝強さ〟は、裏を返せばそのまま（死に向かい合う孤独や恐怖という）究極的な〝弱さ〟でもあった**のだ。

だからこそ、認知症という、近代的個人の発想ないし価値観からすれば忌避されるべき状態は、逆説的にも、近代的自我にとっての最大の難題だった「死」の問題に、意外な形で〝救い〟あるいは緩和策を与えるという側面をもっているのである。

ただし、このテーマが以上のような把握だけで簡単に片付くようなものでないことも確かだろう。なぜなら、「死」が近代的自我にとって〝脅威〟であったとすれば、全く同様の理由で、認知症のような状態に陥ること、あるいは「生と死のグラデーション」というあり方自体が、同じく近代的自我にとっての〝脅威〟となりうるからだ。

一例を挙げよう。中島敦の短編小説に『山月記』という作品があり、教科書にも取り上げられたりしているので知っている人は多いと思う。

ストーリーの詳細は省くが、要するに「私」（主人公）の意識が段階的に「虎」に取って代わられていくこと、あるいはその恐怖を描いた作品である。この場合、いま「段階的に」と記したように、主人公の意識は一気に虎に変わるのではなく、その両者の間をしばらく行き来しつつ、次第に「虎」のほうが優勢になっていくのである。

まさに「グラデーション」であり、この物語での「虎」は、ここで論じている文脈での「死」あるいは「認知症」そのものと言える。

関連で記すと、２００４年の韓国映画で、日本でもかなりのヒットとなった『私の頭の中の消しゴム』という映画があった。二人の若い恋人同士の話で、そのうちの女性のほうが若年性アルツハイマー病に侵され、徐々に記憶障害が進行し、最後は相手のこともわからなくなっていくというストーリーである。内容は異なるが、ここでも『山月記』と同様のモチーフが存在している。

こうした例だけからも示されるように、ここで述べている「生と死のグラデーション」という見方が、先ほど述べたように単純に「近代的自我にとっての『死』の問題」を〝緩和〟すると言えるかについては、さらに様々な留保あるいは吟味が必要であり、またそれは個々人の価値観ないし世界観によって異なるとも言える。

私自身にとってもなお明確な結論は出ていないが、しかしそれでも、そこには先ほど述べたような「死」をめぐる近代的な困難を乗り越えていくような可能性が含まれていると思える。いうならば、「死」とは（何かが「無くなる」というより）「自我の統合が弱まる（ゆるむ）」ことではないか。そして、「死」の観念自体もまた意識の産物であり、それは自我の統合に比例して強まるのである。

「老年的超越」

以上のような議論に関連して浮上するものとして、「老年的超越」というコンセプトについて述べてみたい。

「老年的超越（gerotranscendence）」とは、高齢期のこころや意識のあり方について、スウェーデンのトーンスタムという社会学者が唱えた考えをいう（トーンスタム［２０１７］）。

それによれば、80代ないし90代以降の高齢者においては、それまでとは異なる意識の変化が生じ、「物質主義的で合理的な世界観から、宇宙的、超越的、非合理的な世界観への変化」が起こるとされる。

そして、自分の存在や命が過去から未来の大きな流れの一部であることを認識し、過去や未来の世代とのつながりを強く感じるようになる。さらには、時間や空間に関する意識も変化し、死と生の区別をする認識も弱くなり、死の恐怖も消えていくといった特徴が指摘されている。

こうした「老年的超越」について、老年心理学者の増井幸恵氏は日本の高齢者に関する調査を行った。すると日本の場合、「超越」という点はやや薄い一方、先祖や未来の子孫とのつながりの意識の強まりや、「あるがままを受け入れる」「自然の流れに任せる」「他者への依存を肯定する」といった、トーンスタムの議論と同様の方向の傾向が見られたという（増井［2014］、同［2016］）。

以上はあくまでひとつの理論なので、そのまま超高齢期の高齢者に一律にあてはまるとは言えないだろう。しかし私自身の個人的な経験にそくせば、少なくともその一部は、先ほども述べた、90歳に近づきつつある認知症気味の私の母親にも該当する面があるように感じられる。

ちなみに関連する議論として、人間にとっての「アイデンティティ（自我同一性。自分が自分であること）」の重要性を提唱したアメリカの心理学者エリクソンは、生まれてから人が段階を踏みつつ成長し、自我を確立しながら成熟していくプロセスを8段階の理論にまとめたことで広く知られる。日本でも多くの翻訳書が出ているので、ご存じの方も多いだろう。

しかし晩年になってエリクソンは、人間の一生には最後にもう一つの段階があると考えるようになり、死後に出版された妻との共著において、「老年的超越」を人生の第9段階として位置づけたのである（エリクソン他［2001］）。そこでは高齢期における身体的機能の低下や社会的なネットワークの減少という、ある種の〝危機〟を乗り越える方向性ないし適応として、この老年的超越が位置づけられている（なお第2章の終わりで言及した、晩年のマズローが提起した「自己超越」というコンセプトも、これと一部通じる性格を含んでいると言えるだろう）。

こうした考えはまだ仮説的な面をもっているが、高齢期のこころあるいは人生の全体性やその意味というテーマを考えるにあたり、様々な示唆を与えてくれるように私には思われる。

それは一つには、この「老年的超越」という見方が、ここで述べている「生と死のグラデーション」という視点と、相通ずる面があると思えるからである。つまり、先ほどのトーンスタムによる老年的超越の説明の中に、「死と生の区別をする認識も弱くなり、死の恐怖も消えていく」という内容が含まれているが、これはまさに「生と死のグラデーション」の趣旨そのものである。

また、この点が私は重要と考えているのだが、実はそれは高齢期に限らず、若い時期を含めて、人生に対する態度や世界観にとっての現代的な意味を含んでいるのではないだろうか。

つまり、ここで「超越」と言われているのは、言い換えれば「個人を超えて、（より大きな）何かとつながること」の大切さであり、そこでの「何か」には、先ほどの老年的超越に関する議論に示されているように、「コミュニティ、世代間の連なり、生命、自然、宇宙」といったものが含まれるだろう。

思えばこれは、先ほど「有と無の再融合」のところで、「個人を超えて、コミュニティや自然（生命、宇宙）ひいては有と無の根源とつながる」と記したことと実質的に同じ内容であり、また本書で述べてきた「地球倫理（ないし地球・宇宙倫理）」と重なるものである。

したがって「老年的超越」という視点は、「生と死のグラデーション」という発想とつながるとともに、それをより大きな文脈の中で把握していくならば、「老年的」という限定を超えて、今後の新たな時代状況における「有と無の再融合」という方向とも重なる、普遍的な広がりをもっていると思われる。

つまりそれは、強固で自己完結的な「自我」が中心だった近代社会が成熟していく先に開けてくるような、個人の生や地球環境の有限性を自覚しつつ、他者やコミュニティ、自然ないし根源的なものとのつながりの中で創造的な生を営んでいくという、これからの時代――人類史における「第三の定常化」の時代――の理念や方向と共鳴するものではないだろうか。

こうして、本書での「無の人類史」というマクロの文脈で行き着いた「有と無の再融合」という理解と、ミクロの死生観の文脈で浮かび上がった「生と死のグラデーション」という視点は、最終的につながることになる。

エピローグ
時間の意味

最後に、「時間」という話題にそくした若干の考察を行ってみよう。

第4章において、仏教とキリスト教について、その究極の〝ゴール〟には共通するものがあると考えられる一方、いわばそこに至る〝ルート〟はかなり違っているように見えるという議論を行った。この場合、そうした両者の相違がもっとも明確に示されるのが、その「時間」についての認識あるいは世界観であると私は考えている。

こうしたテーマについては、以前の拙著（『死生観を問いなおす』）の中である程度論じたので、ここではそのポイントを、現在の私自身の関心や本書のこれまでの議論を踏まえつつ簡潔に述べてみたい。

時間と死生観

端的に言えば、キリスト教の時間観は基本的に「直線的」であり、たとえば20世紀の代表的なプロテスタント系の神学者オスカー・クルマンは、その著作『キリストと時』の中で「我々は、時間の表象が、ヘレニズムにおいては円環であるのに対して、原始キリスト教、聖書的ユダヤ教及びイランの宗教においては上昇する線である、というこの根本的認識から出発しなければならぬ」と述べている（クルマン［1954］）。

このように時間についての理解が「直線的」であるというのは、キリスト教の次のような基本的な世界観を反映したものだ。

つまり第4章においてふれたように、キリスト教においては（人間の原罪に由来する）この世界における様々な苦難や害悪から、究極的な〝未来〟において「救済」されるという思想を核にもっているので、時間は決して「循環」したり「回帰」したりするようなものであってはならず、その意味において「直線的」なのである。

ただし正確に言うならば、その本質は「不可逆的」な時間観というべきであり、また、直線的というよりは、時間あるいは世界には〝始め〟と〝終わり〟があるという意味において、むしろ「線分的」と呼べる時間のイメージとなる（こうした話題について真木［1981］参照）。

図表　時間と永遠、宇宙に関するモデル

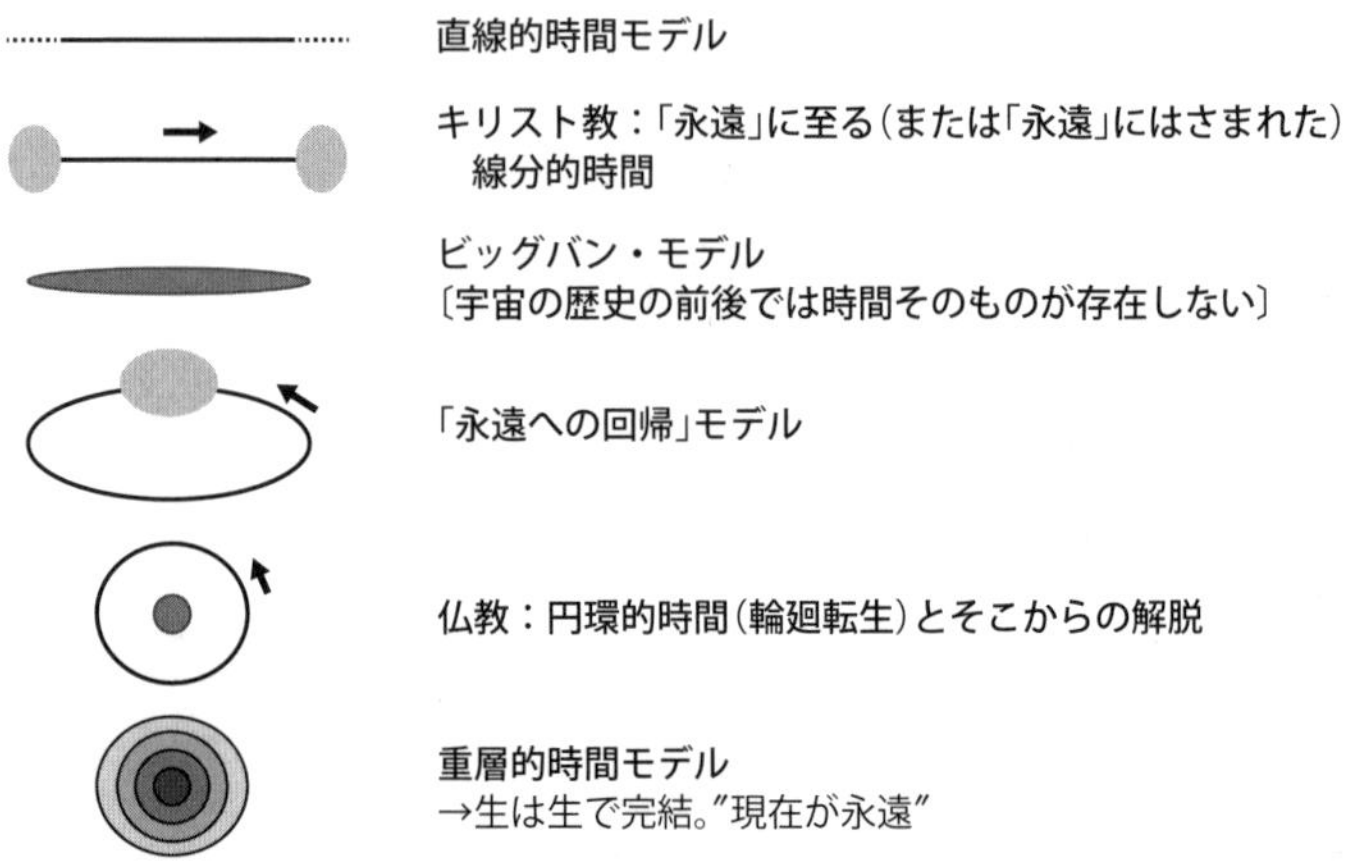

そして、そうした線分たる「時間」の〝始まりの前〟と〝終わりの後〟に何があるかというと、それがまさに第4章で述べた「永遠」に他ならない。特に重要なのは〝終わりの後〟であり、「世界の終わり」の先に、究極の救済の場所としてあるのが「永遠」あるいは「永遠の生命」なのである。この点を簡潔に示したのが図表の上から2番目のモデルである。

ここまで記すと、慧眼の読者は、この時間モデルは現代の宇宙物理学における「ビッグバン」の世界観に似ていることに気づくだろう（図表のその下のモデル）。もちろん、ビッグバンは宇宙の〝始まり〟に関することであり、「宇宙の終わり」についての了解は現在においてなお諸説あるが――宇宙が収縮していくとする〝ビッグ・クランチ〟論、新たなビッグバンと収縮が繰り返されるとする〝サイクリック宇宙論〟、膨張を永遠に続けるという議論等々――、少なくとも時間あるいは宇宙には〝始まり〟があったとする点において共通していると言える。

一方、仏教の時間観は、図表の下から2番目に示すようなモデルであり、その土台には、キリスト教的な不可逆的な時間とは対照的な、いわゆる輪廻転生的で、回帰あるいは循環するような時間観がある。ただしこうした輪廻転生の循環の中に身を置き続けることは「苦」であり、したがってそうした現世の時間の流れを超え出て、すなわち「解脱」し、キリスト教とは別の意味において時間やこの世界の生死を超越した場所――「空」あるいは第4章で言及した龍樹が言うところの「有と無を超えたものとしてのニルヴァーナ」――に至ることが目指されることになる。

以上を踏まえて、キリスト教と仏教の時間観あるいは世界観をごく純化して対比するならば、次のようになるだろう。

キリスト教の場合、「救済」を通じて目指されるべきゴールは、直線的あるいは不可逆的なこの歴史の終極点の先に位置している、もはや時間を超え出た「永遠」である。

これに対し仏教の場合、「解脱」を通じて目指されるべきゴールは、循環する時間の流れそのものから抜け出て、存在ないし宇宙そのものへと一体化することであり、それはまた別の意味で時間を超え出た「永遠」である。

両者はそれぞれ、〝究極の未来への超越〟、〝現在の根源への超越（一体化）〟とも呼ぶべき、人間がこの世界を超え出ることの二つのかたちと言えるだろう。

未来と現在——キリスト教と仏教の「補完性」と背景的環境

しかし同時に、こうして一歩メタレベルからキリスト教と仏教の世界観や志向性をとらえ返してみると、実は両者は〝補完的〟な関係にあることに気づく。

つまり、キリスト教と仏教の両者は、人間が本来もっている「未来志向性」と「現在志向性」という二つの志向性を、それぞれ体現したものに他ならないのではないか。

ではなぜ一方（キリスト教）においては人間の「未来志向性」のベクトルが特に顕在となり、他方（仏教）においては「現在志向性」のベクトルが強くなっていったか。おそらくその分岐の根底的な背景にあるのは、それぞれが生成した①社会的状況の違い（→発せられた「問い」のあり方）と②風土的環境の二者に行き着くと私は考える。

すなわち、ごく単純化した記述となるが、キリスト教（ないしその土台となる旧約思想も含めてユダヤ・キリスト教）の場合、①については（統一王国の分裂と滅亡、紀元前6世紀のいわゆるバビロン捕囚などの）民族の迫害や苦難、②については砂漠的環境である。

一方、仏教の場合は、①については（釈迦族の王子としての）ゴータマ・ブッダ（本来の名はシッダッタでありブッダは悟った者を意味する尊称）の人生についての内的苦悩、②については森林的環境である。

ちなみに、第4章でふれたように「苦」は仏教における基本概念であるが、科学史家の伊東俊太郎氏が指摘するようにこの原語はパーリ語でdukkha、サンスクリット語でdukkhaであり、英訳ではpainの他に不愉快（unpleasantness）、不満足（dissatisfaction）、焦燥（frustration）、不安（anxiety）、不穏（unrest）など様々に訳されるという（伊東［2015］）。

つまり、日本語ないし漢字の「苦」よりもかなり広いニュアンスの言葉であり、しかも上記の原語の後半部は「空虚（voidness）」という意味をもち、したがって仏教の「苦」の原意は、絶えず変化していく世界を前にしての空虚感や精神的不安を含意するものとして理解する必要がある。これは上記のユダヤ・キリスト教がその生成において置かれた状況とそこで発せられた「問い」とはきわめて異質のものであり、むしろある意味で〝現代人の不安〟に通ずるものがあると言えるだろう。

現代の物理学との関係――時間・永遠・宇宙をめぐるモデル

以上に述べたキリスト教と仏教の「時間」観の比較を、現代的な視点も含めてもうひと回り広い視座においてとらえ直してみよう。

ここで導きの糸としたいのは、先ほどもふれた物理学者ホーキングの言明である。その前提として、4-5世紀に活躍し中世のキリスト教神学の基礎固めを行った人物であるアウグスティヌスは、その著書『告白』において次のような論を展開していた。それは、世界あるいは宇宙を神が創造したと言うのなら、そうした創造の前(の途方もなく長い時間)には一体神は何をしていたのか(ヒマつぶしでもしていたのか)という疑問ないし批判に対し、「宇宙の創造の前には『時間』自体が存在していなかったのだから、創造の〝前〟を問うこと自体が論理的に誤っている」という内容の議論だった。

こうしたアウグスティヌスの議論を踏まえつつ、ホーキングは、ニュートンの『プリンキピア』刊行(1687年)後300年を記念して出版された論文集『重力の300年』において、次のように述べる。

宇宙は極小の半径をもって「無から創造された」ということもできよう。しかしながら、『創造』という語の使用は、**宇宙がある瞬間以前には存在せず、その瞬間ののちに存在したかのような時間概念を含意するように思われる。**しかるに、アウグスティヌスが指摘したように、時間はただ宇宙の内部でのみ定義され、その外部では存在しないものである。……現代の見方もこれと非常によく類似している。一般相対性理論では、時間は宇宙の中の出来事にラベルを貼る座標にすぎない。時間は、時空の多様体の外部ではいかなる意味ももたない。**宇宙が始まる前に何が起きたかを問うことは、地球上で北緯91度の点はどこかと問うようなものである**……そのような点は単に定義されていないのである。創造され、おそらくは終末に達する宇宙について語る代わりに、人は単に次のように言うべきだろう……「宇宙はある（The Universe is）」と（強調引用者）。

これはいかにもホーキングらしい明晰さに富む言明だが、語られている内容自体はきわめてシンプルなものだ。

すなわち、現代の私たちは「直線的な時間」なるもの――それはニュートンの古典力学とともに近代以降において浸透していった時間観である――がそれ自体において独立して存在すると考えがちだが、そうではなく、時間は世界あるいは宇宙がある限りにのみ存在するという見方である（「直線的な時間」については先の図表の一番上の「直線的時間モデル」として示しているものを参照されたい）。

しかし同時に、このように考えていくと、次のような根本的な疑問が生じる。

それは、**宇宙の始まりの前に「時間」が存在せず、また宇宙の終わりの後にも「時間」は存在しないとすれば**（そうした無・時間性ないし超・時間性をキリスト教のように「永遠」と呼ぶかどうかは別にして）**宇宙の始まりの〝前〟と〝後〟は同じということになるのではないか**、という疑問である。

言い換えれば、先ほど言及したような「直線的な時間」がないとすれば、宇宙の存在の〝前〟と〝後〟は区別がつかなくなるということだ。

そして、**この論理を進めていけば、宇宙は（その長い歴史をへた後に）いわば〝もとの場所〟へ帰るという、ある意味で「円環的な時間（ないし宇宙）」のイメージに接近する**だろう（図表の「永遠への回帰」モデルを参照されたい）。

このような議論を行っていくと、こうした世界観ないし時間観が、意外にも（キリスト教と対立しているように見えた）仏教のそれに近づいていることに気づかされるだろう。

新たな展望

以上を踏まえると、現代における物理学や関連諸科学の展開は、（近代的な「直線的時間」の観念を退けることを通じて）次のような意味において、意外にもキリスト教と仏教の時間観ないし世界観を接近させている（あるいは総合化している）と言うこともできるかもしれない。

すなわち、宇宙や地球、生命、人間のあり方をダイナミックな歴史の展開としてとらえ、かつそれには「始まり」（とおそらく「終わり」）があるという点ではキリスト教的でありつつ、しかしそれは〝時間を超えた何か〟によって支えられている存在であり、宇宙は全体として〝永遠という海に浮かぶ島〟のようなものであるという把握においては仏教的なのである。

それはキリスト教と仏教の両者をメタレベルから俯瞰しつつ、もう一度「自然」とつながるということでもあり、本書で述べてきた地球倫理とも共鳴する。

加えてそれは、第5章で論じた「火の鳥」が、時空を超越して歴史の全体を俯瞰する視点と、根源にある宇宙的エネルギーにつながる性格の両方をもっていたこととも通底するだろう。

そしてこのことは、私の「生」そのものの理解としても成り立つのではないか。

つまり私の人生とは、〝時間を超えた何か〟から生まれて、しばらくのあいだ時間の中を生き、再び〝時間を超えた何か〟に帰る歩みとして把握される。同時にもっとも根源的には、図表の一番下のモデル（重層的時間モデル）に示されるように、その歩みの全過程あるいは生の瞬間瞬間において、私たちは〝時間を超えた何か（有と無の根源にあるもの）〟とつながり、それによって支えられているのである。

［参考文献］

青木薫［２０１３］『宇宙はなぜこのような宇宙なのか――人間原理と宇宙論』、講談社現代新書。

石弘之、安田喜憲、湯浅赳男［２００１］『環境と文明の世界史――人類史20万年の興亡を環境史から学ぶ』、洋泉社。

石飛幸三［２０１０］『「平穏死」のすすめ――口から食べられなくなったらどうしますか』、講談社。

市橋伯一［２０１９］『協力と裏切りの生命進化史』、光文社新書。

伊東俊太郎［１９８５］『比較文明』、東京大学出版会。

伊東俊太郎［１９９０］『比較文明と日本』、中公叢書。

伊東俊太郎［２００８］「『精神革命』の時代（Ⅰ）」『比較文明研究』第13号。

伊東俊太郎［２０１３］『変容の時代――科学・自然・倫理・公共』、麗澤大学出版会。

伊東俊太郎［２０１５］「インドにおける『精神革命』――ゴータマ・ブッダを中心として」『比較文明研究』第20号。

ロナルド・イングルハート［山﨑聖子訳、２０１９］『文化的進化論――人びとの価値観と行動が世界をつくりかえる』、勁草書房。

リチャード・G・ウィルキンソン［池本幸生、片岡洋子、末原睦美訳、２００９］『格差社会の衝撃――不健康な格差社会を健康にする法』、書籍工房早山。

イマニュエル・ウォーラーステイン［山下範久訳、２００６］『入門世界システム分析』、藤原書店。

内田亮子［２００７］『人類はどのように進化したか――生物人類学の現在』、勁草書房。

E・H・エリクソン、J・M・エリクソン［村瀬孝雄、近藤邦夫訳、２００１］『ライフサイクル、その完結』、みすず書房。

遠藤周作［1996］『死について考える』、光文社文庫。

大林太良［2019］『神話学入門』、ちくま学芸文庫。

レイ・カーツワイル［井上健監訳、小野木明恵、野中香方子、福田実共訳、2007］『ポスト・ヒューマン誕生――コンピュータが人類の知性を超えるとき』、NHK出版。

海部陽介［2005］『人類がたどってきた道――〝文化の多様化〟の起源を探る』、日本放送出版協会。

スチュアート・カウフマン［米沢富美子監訳、2008］『自己組織化と進化の論理――宇宙を貫く複雑系の法則』、ちくま学芸文庫。

マイケル・S・ガザニガ［柴田裕之訳、2010］『人間らしさとはなにか？――人間のユニークさを明かす科学の最前線』、インターシフト。

レオン・R・カス［倉持武監訳、2005］『治療を超えて――バイオテクノロジーと幸福の追求　大統領生命倫理評議会報告書』、青木書店。

加藤周一、M・ライシュ、R・J・リフトン［矢島翠訳、1977］『日本人の死生観（上）（下）』、岩波新書。

上村勝彦［2003］『インド神話――マハーバーラタの神々』、ちくま学芸文庫。

河合雅雄［1990］『子どもと自然』、岩波新書。

岸本葉子［2014］『生と死をめぐる断想』、中央公論新社。

J・ベアード・キャリコット［山内友三郎、村上弥生監訳、2009］『地球の洞察――多文化時代の環境哲学（エコロジーの思想）』、みすず書房。

工藤隆［2006］『古事記の起源――新しい古代像をもとめて』、中公新書。

同［2012］『古事記誕生――「日本像」の源流を探る』、中公新書。

リチャード・G・クライン、ブレイク・エドガー〔鈴木淑美訳、2004〕『5万年前に人類に何が起きたか?——意識のビッグバン』、新書館。

ローレンス・クラウス〔青木薫訳、2013〕『宇宙が始まる前には何があったのか?』、文藝春秋。

デヴィッド・クリスチャン、シンシア・ストークス・ブラウン、クレイグ・ベンジャミン〔長沼毅監修、石井克弥、竹田純子、中川泉訳、2016〕『ビッグヒストリー——われわれはどこから来て、どこへ行くのか』、明石書店。

O・クルマン〔前田護郎訳、1954〕『キリストと時——原始キリスト教の時間観及び歴史観』、岩波書店。

アレクサンドル・コイレ〔横山雅彦訳、1973〕『閉じた世界から無限宇宙へ』、みすず書房。

後藤明〔2017〕『世界神話学入門』、講談社現代新書。

佐伯啓思〔2020〕『近代の虚妄——現代文明論序説』、東洋経済新報社。

佐藤恵子〔2015〕『ヘッケルと進化の夢——一元論、エコロジー、系統樹』、工作舎。

下村寅太郎〔1979〕『無限論の形成と構造』、みすず書房。

E・シュレーディンガー〔岡小天、鎮目恭夫訳、1951〕『生命とは何か——物理的にみた生細胞』、岩波新書。

デビッド・A・シンクレア、マシュー・D・ラプラント〔梶山あゆみ訳、2020〕『LIFESPAN(ライフスパン)——老いなき世界』、東洋経済新報社。

カール・セーガン〔長野敬訳、1978〕『エデンの恐竜——知能の源流をたずねて』、秀潤社。

同、アン・ドルーヤン〔柏原清一、三浦賢一、佐々木敏裕訳、1997〕『はるかな記憶——人間に刻まれた進化の歩み(上)(下)』、朝日文庫。

武澤秀一〔2011〕『伊勢神宮の謎を解く——アマテラスと天皇の「発明」』、ちくま新書。

立川武蔵〔2003〕『空の思想史——原始仏教から日本近代へ』、講談社学術文庫。

立川昭二［1998］『日本人の死生観』、筑摩書房。

ロビン・ダンバー［鍛原多惠子訳、2016］『人類進化の謎を解き明かす』、インターシフト。

辻直四郎訳［1970］『リグ・ヴェーダ讃歌』、岩波文庫。

槌田敦［1982］『資源物理学入門』、日本放送出版協会。

筒井康隆［2019］『老人の美学』、新潮新書。

ラーシュ・トーンスタム［冨澤公子、タカハシマサミ訳、2017］『老年的超越――歳を重ねる幸福感の世界』、晃洋書房。

友野典男［2006］『行動経済学――経済は「感情」で動いている』、光文社新書。

鳥越憲三郎［1992］『古代朝鮮と倭族――神話解読と現地踏査』、中公新書。

同［2000］『古代中国と倭族――黄河・長江文明を検証する』、中公新書。

中村元［2002］『龍樹』、講談社学術文庫。

テツオ・ナジタ［五十嵐暁郎監訳、福井昌子訳、2015］『相互扶助の経済――無尽講・報徳の民衆思想史』、みすず書房。

ユルゲン・ハーバーマス［庄司信、日暮雅夫、池田成一、福山隆夫訳、2014］『自然主義と宗教の間』、法政大学出版局。

ロバート・D・パットナム［柴内康文訳、2006］『孤独なボウリング――米国コミュニティの崩壊と再生』、柏書房。

ユヴァル・ノア・ハラリ［柴田裕之訳、2018］『ホモ・デウス（上）（下）――テクノロジーとサピエンスの未来』、河出書房新社。

広井良典［1996］『遺伝子の技術、遺伝子の思想――医療の変容と高齢化社会』、中公新書。

同［1997］『ケアを問いなおす――〈深層の時間〉と高齢化社会』、ちくま新書。

同［2001a］『定常型社会――新しい「豊かさ」の構想』、岩波新書。

同［2001b］『死生観を問いなおす』、ちくま新書。

同［2003／2015］『生命の政治学――福祉国家・エコロジー・生命倫理』、岩波書店（2015年に岩波現代文庫化）。

同［2009a］『グローバル定常型社会――地球社会の理論のために』、岩波書店。

同［2009b］『コミュニティを問いなおす――つながり・都市・日本社会の未来』、ちくま新書。

同［2011］『創造的福祉社会――「成長」後の社会構想と人間・地域・価値』ちくま新書。

同［2013］『人口減少社会という希望――コミュニティ経済の生成と地球倫理』、朝日選書。

同［2015］『ポスト資本主義――科学・人間・社会の未来』、岩波新書。

同［2018］『持続可能な医療――超高齢化時代の科学・公共性・死生観』、ちくま新書。

同［2019］『人口減少社会のデザイン』、東洋経済新報社。

藤井直敬［2009］『つながる脳』、NTT出版。

イリヤ・プリゴジン、イザベル・スタンジェール［伏見康治、伏見譲・松枝秀明訳、1987］『混沌からの秩序』、みすず書房。

スティーヴン・ホーキング、レナート・ムロディナウ［佐藤勝彦訳、2010］『ホーキング、宇宙と人間を語る』、エクスナレッジ。

クライブ・ポンティング［石弘之、京都大学環境史研究会訳、1994］『緑の世界史（上）』、朝日選書。

真木悠介［１９８１］『時間の比較社会学』、岩波書店。

増井幸恵［２０１４］『話が長くなるお年寄りには理由がある――「老年的超越」の心理学』、ＰＨＰ新書。

同［２０１６］「老年的超越」『日本老年医学会雑誌』53巻3号。

松井孝典［２００３］『宇宙人としての生き方――アストロバイオロジーへの招待』、岩波新書。

同［２００７］『地球システムの崩壊』、新潮選書。

松原隆彦［２０１５］『宇宙はどうして始まったのか』、光文社新書。

松村一男［２０１９］『神話学入門』、講談社学術文庫。

カール・マルクス［岡崎次郎訳、１９７２］『資本論（1）』、大月書店。

リン・マルグリス、ドリオン・セーガン［田宮信雄訳、１９８９］『ミクロコスモス――生命と進化』、東京化学同人。

水谷幸正編［１９９６］『仏教とターミナルケア――生と死・社会福祉』、法蔵館。

スティーヴン・ミズン［松浦俊輔、牧野美佐緒訳、１９９８］『心の先史時代』、青土社。

溝口睦子［２００９］『アマテラスの誕生――古代王権の源流を探る』、岩波新書。

室田武［１９７９］『エネルギーとエントロピーの経済学――石油文明からの飛躍』、東洋経済新報社。

森三樹三郎［１９９４］『老子・荘子』、講談社学術文庫。

同［２００３］『老荘と仏教』、講談社学術文庫。

カール・ヤスパース［重田英世訳、１９６４］『歴史の起源と目標』、理想社。

柳澤桂子［１９９７］『われわれはなぜ死ぬのか――死の生命科学』、草思社。

柳田國男［１９９０］『柳田國男全集13』、ちくま文庫。

エリッヒ・ヤンツ［芹沢高志、内田美恵訳、１９８６］『自己組織化する宇宙』、工作舎。

フレデリック・ラルー［鈴木立哉訳、嘉村賢州解説、２０１８］『ティール組織――マネジメントの常識を覆す次世代型組織の出現』、英治出版。

渡辺正峰［２０１７］『脳の意識　機械の意識――脳神経科学の挑戦』、中公新書。

和辻哲郎［１９７９］『風土――人間学的考察』、岩波文庫。

Bowles, Samuel and Gintis, Herbert (2011), *A Cooperative Species: Human Reciprocity and Its Evolution*, Princeton University Press.
Christian, David (2011), *Maps of Time: An Introduction to Big History*, University of California Press.
Cohen, Joel E. (1995), *How Many People can the Earth Support?*, Norton.
DeLong, J. Bradford (1998), "Estimates of World GDP, One Million B.C. – Present," http://www.j-bradford-delong.net/
Maslow, Abraham H. (1993), *The Farther Reaches of Human Nature*, Penguin.
Pomeranz, Kenneth (2000), *The Great Divergence: China, Europe, and the Making of the Modern World Economy*, Princeton University Press.
Spier, Fred (2011), *Big History and the Future of Humanity*, Wiley-Blackwell.
Witzel, E. J. Michael (2012), *The Origins of World Mythologies*, Oxford University Press.

あとがき

人の人生には無限に多様なかたちがあると思うが、思春期の頃から20歳前後にかけて何らかの「原問題」――その人にとって生涯をかけて追究していくような問い――と呼べるものに出会い、それを（形を変えながら）一生考え続ける、というのはその一つの姿だろう。私自身がそうであり、ゼミの学生などにもそれぞれの「原問題」を大切にしていくことを話したりしてきた。

あとがきに免じて、私自身のそうしたこれまでの経緯について記させていただくとすれば、郷里の地方都市（岡山）で中学校に入った頃、成績の順位や偏差値なるものが出るようになり、何か得体の知れない〝上昇のエスカレーター〟に乗ることを余儀なくされているということ（に対する違和感）を感じたのが、「原問題」をめぐる物語の始まりだったように思う。

以前別の拙著でも少し書いたことがあるが、そのエスカレーターは上っていった先に何があるかがよく見えず、はたしてその先が「幸福」であるかどうかもかなり疑わしい。もちろんその〝エスカレーター〟とは、今にして思えば、一定の物質的な豊かさを実現した後も、ただひたすら何かに追われるように「経済の拡大・成長」を追求するという、当時の（あるいは今も続く）日本という社会のありようをそのまま示していただろう。

そうした違和感は大学受験を控えた頃の時期に先鋭化し、そこから派生して、「自分が進路を選んだり物事の価値判断を行ったりする際に、最終的に根拠となりうる基準や原理は何か」という問い、そしてさらに「そもそも自分がこうして存在し、世界を認識しているとはどういうことか」という、分類すれば哲学という領域に属するような問いにつながっていった。それらがまさに私にとっての「原問題」となった。

それ以降の流れは、本書に関連する範囲で簡潔に記すと、そうした当初の問いに対する答えは、大学3年の終わり頃にいったん「時間論」という形で自分の中でのさしあたりの決着に至ったのだが——その概要は1994年に出した『生命と時間』という本に記している——、まさに本書で扱っているような「死」や「無」をめぐるテーマが30代の頃から浮上し、様々な現実的な課題とも相まって、精神的にも厳しい時期を経験した。

後になって思うようになったことだが、当時、「死」や「無」そのものについての考えをあれこれめぐらしていたのは、その表裏のものとして、生きていくことの意味や価値の源泉にあるものを探るプロセスだったと思う。そうした流れが、ひとまず自分自身の中でひと段落したのが、本書の第4章などで言及している「自然のスピリチュアリティ」という視点――自然そのものの中に、有と無を超えた、根源的なものが含まれているという見方――に到達した時であり、すでに40歳を過ぎた頃だった。

ところが、以上のような探究は私の中ではいわば個人の〝内的〟世界に関わるものだったのだが、上記の「自然のスピリチュアリティ」に達した途端に、「内と外の〝反転〟」のようなことが起こり、私の関心は、以上のようなテーマを、人間のこれまでの歴史、ひいては生命や宇宙の流れといった、マクロあるいは〝外的〟な世界や環境の中で位置づけることにシフトしていった（本書の中で幾度かにわたって論じている「人類史における拡大・成長と定常化」といった視点も、そうした流れで生じたものである）。

あえてやや単純化して記せば、生と死、あるいは死生観をめぐる上記のような私の探究の前半が、主に「私はどこから来て、どこへ向かうのか」という問いだったとすれば、後半で浮かび上がったのは「私たちは（あるいは世界は）どこから来て、どこへ向かうのか」という問いだったと言える面がある。

ここまで記すと、慧眼の読者の方はすでにお気づきのとおり、本書はまさに、以上のような死生観をめぐる私のささやかな探究の、主に後半部分をまとめたものである。多少補足すれば、それは『生命の政治学』(2003年)以降の一連の著作群の流れの、拙いながらの到達点となる内容となっている。これは、私にとってどうしてもまとめておきたかった本であり、還暦という節目の年に本書を公刊できることを、本当に幸いに感じている次第である。

*　*　*

以上、「原問題」という話題から発しての、私自身のこれまでの問題意識の歩みに関する記述にお付き合いいただいたことに感謝したい。と同時に、奇しくもというべきか、以上のようなテーマは、私個人の歩みといったレベルを超えて、実は現在の日本や世界をめぐる現実的あるいは社会的な状況とも深く関わっていると思われる。

つまりそれが、イントロダクションから述べている「個人の生の有限性」と「地球環境の有限性」というテーマの連動性であり、すなわち、個人の死生観をめぐる話題と、地球環境の有限性に関する社会的な次元の話題——私自身は「定常型社会」論といった形で論じてきた内容——が、深いところで結びついてきているのが現在の状況なのだ。

個人的な述懐を記せば、2001年に『定常型社会』と『死生観を問いなおす』という、私にとって節目となる2冊の本を出した頃、この両者のテーマ（定常型社会と死生観）が最終的に結びついていること――つまり近代あるいは日本の高度成長期のように〝限りない拡大〟を目指す志向と、死を忌避し排除するという志向とは表裏の関係にあること――はある程度意識していたが、そうした状況がこのように展開するとは考えていなかった。

それは詰まるところ、〝限りない拡大〟を本質とする資本主義が、生命そのもののコントロールとその〝限りない拡大〟を追い求めるに至るという状況である。そこでは「テクノロジーによる不死」が追求される一方、（自然やコミュニティとの切断を通じて）死生観の空洞化が加速する。

こうした時代状況もあり、本書は個人の死生観をめぐる哲学的あるいは理念的な議論と、上記のような地球環境の有限性あるいは定常型社会、人類史といった社会的な次元の議論とが、奇妙に混じり合った書物になっていると思うが、それは私自身の問題意識の中での必然的な流れであるとともに、日本や世界が迎えつつある新たな状況にも関わっている。

「新たな状況」とは、本書の中で述べてきた「人類史の中での第三の定常化への移行期」ということと重なり、そこでは（現在と類似する局面だった「心のビッグバン」や「枢軸時代／精神革命」と同様に）、「物質的生産や資源消費の量的拡大」という方向から発展の舵を大きく切り替えていくことが課題となる。

それはすなわち、**有限な地球環境や個人の生という、**(物質的な)**有限性を受け入れつつ、「拡大・成長」時代の〝集団で一本のエスカレーターを登る〟ような状況から解放されて、個人が自由に各々の創造性を発揮し、コミュニティや自然、根源的なものとつながりながら、有限性を超えた様々な価値やことがらを見出していく**時代への移行と重なるだろう。

＊　＊　＊

最後に、本書の成り立ちの経緯に関することについて若干ふれておきたい。

２０１５年に『ポスト資本主義』という本を出した時点で、私にとって「無」や「死」のテーマに関する書物をまとめることが次の明らかな課題だったが、その後、ひとまず現実的な話題に関する本を先に刊行することになった。そして、そのうちの『人口減少社会のデザイン』で編集を担当していただいた東洋経済新報社の渡辺智顕氏及び編集者の今井章博氏に、今回も大変お世話になった。前著と同様、気心の知れた環境の中で本づくりを進めることができ、また、私にとっては(コロナ禍の影響で複数の国際会議や行事等がキャンセルまたは延期になったことで)昨年のゴールデンウィークや夏休み、冬休みの時期に集中的に執筆作業に取り組むことができ、その点ありがたく思っている次第である。

また、京都大学名誉教授（及び京都大学こころの未来研究センター特任教授）の佐伯啓思氏が監修されている雑誌『ひらく』の各号に掲載させていただいた拙稿が、本書第2章・第4章の土台となっている。私にとってそうした機会があったことが、本書の執筆を進めるにあたって大きな意味をもち、この場を借りて佐伯氏そして『ひらく』編集委員長の澤村修治氏に感謝申し上げたい。

広井良典

2021年早春

【著者紹介】
広井良典（ひろい　よしのり）
京都大学こころの未来研究センター教授。1961年岡山市生まれ。東京大学・同大学院修士課程修了後、厚生省勤務を経て96年より千葉大学法経学部助教授、2003年より同教授。この間マサチューセッツ工科大学（MIT）客員研究員。16年4月より現職。専攻は公共政策及び科学哲学。限りない拡大・成長の後に展望される「定常型社会＝持続可能な福祉社会」を一貫して提唱するとともに、社会保障や環境、都市・地域に関する政策研究から、時間、ケア、死生観等をめぐる哲学的考察まで幅広い活動を行っている。『コミュニティを問いなおす』（ちくま新書）で第9回大佛次郎論壇賞を受賞。その他の著書に『ケアを問いなおす』『死生観を問いなおす』『持続可能な福祉社会』（以上、ちくま新書）、『日本の社会保障』（第40回エコノミスト賞受賞）『定常型社会』『ポスト資本主義』（以上、岩波新書）、『生命の政治学』（岩波書店）、『ケア学』（医学書院）、『人口減少社会のデザイン』（東洋経済新報社）など多数。

無と意識の人類史
私たちはどこへ向かうのか

2021年6月10日発行

著　者――広井良典
発行者――駒橋憲一
発行所――東洋経済新報社
〒103-8345　東京都中央区日本橋本石町 1-2-1
電話＝東洋経済コールセンター　03(6386)1040
https://toyokeizai.net/

装　丁………芦澤泰偉
ＤＴＰ………アイランドコレクション
印　刷………図書印刷
編集協力……今井章博
編集担当……渡辺智顕

Printed in Japan　ISBN 978-4-492-22398-7